AF495562

DROIT FRANÇAIS

DES OBLIGATIONS HYPOTHÉCAIRES AU PORTEUR

DES OBLIGATIONS HYPOTHÉCAIRES

AU PORTEUR

INTRODUCTION

---

§ 1er. — Conditions générales du crédit.

Le crédit peut être comparé au pain que nous mangeons; comme lui, il constitue pour tous un besoin quotidien et impérieux, il est donc inutile de chercher à démontrer son utilité, car elle s'impose d'elle-même.

Le crédit présente du reste avec la denrée dont nous venons de parler les plus étroites ressemblances : l'un et l'autre donnent et entretiennent la vie soit matérielle, soit économique; sont-ils abondants, c'est la fécondité et la prospérité qui règnent; par contre, viennent-ils à manquer, ou seulement à diminuer, c'est la famine et la misère qu'il faut redouter : leur affinité est donc complète.

Grâce à cet élément merveilleux, le capital s'unit au travail, et de cette union naît la richesse.

Grâce à lui, un individu peut recevoir une valeur sans avoir à en fournir immédiatement l'équivalent même ; il remet simplement en échange une promesse, et il la livre comme il livrerait de l'argent. Il bénéficie ainsi d'une avance, et au moyen de cette avance il pourra produire des valeurs nouvelles, les faire circuler, développer une branche d'agriculture, d'industrie et de commerce, en un mot satisfaire à tous les besoins de la vie économique.

Le crédit apparaît donc comme indispensable. Aussi, serait-il oiseux de revenir aujourd'hui sur une question posée par J.-B. Say : un état social, où le crédit n'existerait pas, serait-il préférable à la situation présente ? La réalité, la force même des choses, s'est chargée de la réponse. Actuellement, tout le monde offre le crédit, tout le monde le réclame, et l'on ne conçoit plus un milieu civilisé où il n'existerait pas.

Mais le crédit, pour se développer comme il convient, exige certaines conditions :

Ainsi, une personne achète des marchandises et donne en paiement une promesse de payer plus tard : lettre de change, billet à ordre, etc. Pour que cette promesse vaille véritablement de l'argent et en joue le rôle, il faut avant tout qu'elle puisse circuler facilement, et pour cela, il est indispensable que le vendeur, à qui cette promesse a été remise, puisse à son tour la céder sans difficultés, pour se procurer lui-même d'autres marchandises. La promesse va ainsi pouvoir passer rapidement de main en main, elle va réellement tenir lieu de valeur métallique.

La facilité dans la création et la circulation est donc la première condition que doit remplir un titre de crédit.

Il en est une seconde qui n'est pas moins nécessaire : le paiement à l'échéance doit être assuré. On n'obtient crédit que si l'on est solvable, et pour être solvable, il faut présenter des garanties. Le mot crédit répond du reste par son étymologie à cette idée : *credere,* c'est croire en quelqu'un, se fier à lui. Le crédit c'est donc la confiance. L'individu qui fait à un autre une avance de valeurs, le fait uniquement (s'il n'agit pas par esprit de libéralité) avec l'espoir d'être remboursé, et tous ses efforts tendront à cela ; aussi exigera-t-il des sûretés : le plus souvent, il ne se contentera pas du crédit *personnel* de son débiteur, il voudra, si faire se peut, un crédit *réel :*

> On ne prête, mon cher, étant hors du collège,
> Que sur bonne hypothèque ou sur bon privilège.

La garantie du paiement et du remboursement : voilà le second élément nécessaire au crédit.

On comprend dès lors que le titre qui pourra réunir ces deux conditions fondamentales sera le titre de crédit idéal.

Or les titres qui réalisent le maximum de rapidité et de facilité dans la circulation sont incontestablement les titres au porteur. Une simple tradition suffit, et ils bénéficient de la règle favorable : *qu'en fait de meubles possession vaut titre.*

Le meilleur instrument de crédit est donc le titre au porteur, au point de vue de la circulation.

D'autre part, la sûreté la plus efficace, pour un créancier, est l'hypothèque; qu'elle soit fournie par le

débiteur principal ou par des cautions. L'hypothèque
tient le premier rang parmi les sûretés réelles qu'un
débiteur peut offrir à un créancier. Elle n'a pas, comme
le gage, l'inconvénient de déposséder le débiteur. Il
est vrai qu'avec le gage le créancier a une mainmise
plus complète sur la garantie fournie ; mais je doute
que cet avantage qu'a le créancier compense les inconvénients de la dépossession subie par le débiteur, et il
faut toujours en toute chose voir le pour et le contre.
Ce que nous venons de dire de l'hypothèque s'applique
également au privilège immobilier, qui au fond
n'est qu'une hypothèque passant avant les autres et
les primant ; entre le privilège immobilier et l'hypothèque, il y a une différence de degré, mais non de
nature.

Si donc, à la qualité de titre au porteur, nous pouvons ajouter et joindre une garantie hypothécaire,
nous aurons réalisé le type du titre de crédit idéal
dont nous parlions tout à l'heure.

La réunion de ces deux éléments forme de la façon
la plus naturelle *l'obligation hypothécaire au porteur*,
qui doit faire l'objet de ce travail.

§ 2. — Idée générale de l'obligation hypothécaire au porteur.

Depuis plusieurs années, on l'a vue apparaître dans
la circulation. Des sociétés et même des particuliers
ont émis des obligations au porteur garanties par une
hypothèque portant sur leurs immeubles.

L'institution est née des besoins mêmes de la pratique. On a senti la nécessité de se dégager de l'antique

conception de l'obligation hypothécaire et de l'alléger, au point de vue de la transmission surtout, de la plus grande partie des *impedimenta* qui entravaient ou retardaient sa marche.

Une obligation, quelle qu'en soit l'origine, suppose toujours deux sujets : un sujet actif, le créancier, et un sujet passif, le débiteur. Quand elle résulte d'une convention, les parties, en vue d'en assurer la preuve, en constatent l'existence au moyen d'un écrit.

Le créancier peut, dans l'état de notre législation, céder son droit et transmettre à une autre personne sa qualité de créancier. C'est là ce qu'on appelle une cession de créance, et comme ce fait juridique est de même nature que la convention génératrice de l'obligation, cette cession sera elle-même constatée au moyen d'un acte écrit, destiné à en assurer la preuve, c'est-à-dire son existence même.

Voilà, en cas de cession, une première formalité qui constitue en même temps un des premiers *impedimenta* dont nous parlions tout à l'heure.

Ce n'est pas tout. La cession modifie la situation créée par le contrat d'obligation primitif. Cette modification, il faut bien que le débiteur la connaisse et qu'on lui en révèle l'existence ; cela se fait au moyen de la notification.

D'où une deuxième formalité et en même temps une deuxième entrave.

Ce système coûteux et compliqué devait fatalement subir, et de fait, il a subi des modifications profondes. Il retardait sur les nécessités nouvelles de la vie sociale, économique ou juridique ; il faisait obstacle au développement et au fonctionnement des grandes institutions financières, industrielles et commerciales.

C'était une lourde machine dont il fallait forcément simplifier les rouages.

C'est ce qui a eu lieu. La simplification a porté à la fois sur l'acte constitutif de créance et sur l'acte de transmission.

Quelle longue étape parcourue, si l'on se reporte au droit romain, où l'obligation était enserrée dans des limites tellement étroites, que la cession ou le transport des créances était impossible. C'est du moins ce que soutiennent certains auteurs, et cette inaliénabilité s'expliquerait fort bien si l'on se rappelle de quelle manière les Romains avaient compris la nature même de l'obligation. Qu'était-ce en effet pour eux que l'obligation ? Un lien tout personnel qui unit l'une à l'autre deux personnes déterminées. Que l'une de ces personnes vienne à disparaître, et soudain le lien se rompt, l'obligation se dissout.

D'autres auteurs, il est vrai, soutiennent qu'en droit romain on pouvait parfaitement céder une créance.

Mais nous n'avons pas à étudier davantage ici cette difficile et obscure matière ; nous avons voulu simplement mentionner le fait.

Aujourd'hui, quelle souplesse a remplacé la rigidité ancienne dans le jeu de ces opérations.

La prestation promise dans l'écrit peut être cédée ; elle peut encore se réaliser, soit au profit du créancier lui-même ou de la personne qu'il lui plaira de désigner, soit même directement au profit de quiconque se présentera muni de l'écrit. Dans le premier cas, on est en présence de la clause à ordre, et l'écrit prend le nom *d'effet à ordre ;* dans le second, on est en présence de la clause au porteur, et l'écrit prend le nom *de titre au porteur.*

L'addition, dans l'acte de l'une ou l'autre de ces deux clauses, modifie profondément la situation juridique des parties. Toutes deux rendent inutile la notification de la cession au débiteur. Quant aux formalités de la cession elle-même, la première forme les diminue considérablement, en les réduisant au simple endossement ; la seconde les supprime à peu près complètement : elle les ramène à la simple tradition matérielle de l'acte écrit.

Voilà donc résolu le problème de la circulation des créances. Et qu'on veuille bien le remarquer, les progrès réalisés sont encore plus frappants, quand la créance est hypothécaire. Grâce aux deux clauses qui viennent d'être indiquées, on arrive à transmettre rapidement non seulement la créance elle-même, mais encore ses accessoires. On atteint ainsi un but véritablement utile et pratique.

Nous n'avons pas à étudier les deux théories du titre *hypothécaire à ordre* et du titre *hypothécaire au porteur ;* la seconde seule doit faire l'objet de ce travail. Nous aurons cependant à parler souvent de la première. C'est que toutes deux en effet ont un trait commun : elles nous montrent une créance hypothécaire cédée et transmise autrement que par les principes ordinaires de cession prévus par le Code civil. Bien d'autres considérations leur sont également communes ; aussi il nous arrivera de faire valoir en faveur de l'obligation hypothécaire au porteur des arguments qui ont été mis en avant pour l'obligation hypothécaire à ordre. Pour l'une comme pour l'autre, la question est la même : il s'agit de savoir si l'on peut, au point de vue juridique, dégager la circulation d'une créance hypothécaire des règles ordinaires de la loi, et si l'on doit, au point de vue économique, pousser à cette liberté d'action.

Qu'on remplace les dispositions du Code par la clause à ordre ou par la clause au porteur, ces dispositions, comme résultat final, n'en sont pas moins écartées; le point délicat est précisément de se demander si l'on peut valablement les écarter.

C'est là le problème à résoudre, c'est là ce qu'il faut arriver à démontrer; nous espérons atteindre ce but.

Nous avons dit que les deux théories de l'obligation hypothécaire à ordre et de l'obligation hypothécaire au porteur avaient de nombreux points de contact; malgré cela, elles ne se confondent pas. La seconde est plus radicale, elle va jusqu'au bout du principe même; partant, elle est plus intéressante à étudier. Avec elle plus l'ombre d'une entrave; l'endossement même, cette formalité si peu gênante, disparaît. Aussi bien est-ce pour cela que nous voyons ces titres prendre, de jour en jour, une extension de plus en plus grande et venir s'asseoir dans les colonnes mêmes de la cote officielle, au milieu des valeurs de bourse. Il y a évidemment là une évolution profonde, qui soulève des questions intéressantes au premier chef; c'est à leur étude que nous allons nous livrer.

§ 3. — Plan de notre étude.

On a pu constater, par la rapide analyse qui précède, que l'émission d'obligations hypothécaires au porteur est conforme aux saines notions du crédit, et qu'elle ne paraît pas non plus, au premier abord, contraire aux principes du droit.

Mais cela n'est pas suffisant, si l'on veut que l'étude soit véritablement sérieuse et approfondie. Il faut pour cela entrer dans des développements plus détaillés et examiner la question d'une façon positive, c'est-à-dire au point de vue juridique et au point de vue économique ; examiner en un mot si l'institution est légale et souhaitable.

Il ne sera pas superflu de faire quelques recherches historiques sur notre sujet ; il sera bon aussi de regarder autour de nous et de voir comment se comportent les législations étrangères sur ce point.

Notre plan d'étude sera donc le suivant :

Une première partie sera consacrée aux considérations générales, historiques et économiques et à la législation comparée.

Une seconde partie aura trait à la validité juridique et au fonctionnement de l'obligation hypothécaire au porteur.

Nous dirons enfin quelques mots, dans un appendice, des obligations en titres au porteur garantis par des sûretés autres que l'hypothèque ou le privilège immobilier.

Et comme dans notre travail nous nous appliquerons surtout à voir ce qui se passe dans la pratique, notre intention est, chemin faisant, de donner des exemples de formules d'actes dressés par les notaires, pour les divers cas que nous aurons étudiés. Ces formules, qui formeront ainsi le côté tout à fait vivant de notre étude, seront, pour plus de commodité, toutes réunies en un cahier, inséré à la fin du volume.

PREMIÈRE PARTIE

CONSIDÉRATIONS HISTORIQUES ET ÉCONOMIQUES. — LÉGISLATION COMPARÉE

CHAPITRE PREMIER

NOTIONS HISTORIQUES.

Le titre au porteur, qu'il soit garanti ou non par une hypothèque, est une institution moderne. Non pas qu'il n'ait existé autrefois ; nous allons voir qu'on en trouve des traces même dans l'antiquité ; mais pour juger de son développement complet et apprécier son véritable rôle, il faut arriver et se placer au XIXe siècle.

C'est de nos jours qu'il a atteint sa prodigieuse

extension. Nul ou presque nul dans l'antiquité, le titre au porteur a très lentement progressé, tout en grandissant cependant à travers les siècles d'une façon continue. Son histoire est justement cette progression. Telle est l'idée générale de ces courts développements historiques.

§ 1er. — Antiquité.

Nous n'avons pas à faire ici l'histoire du titre au porteur en général; devant nous borner au titre au porteur garanti par hypothèque, il nous suffit de constater que, à notre connaissance, il n'a pas été du tout pratiqué de cette manière chez les Hébreux, les Grecs, les Carthaginois et les Romains, où les billets au porteur étaient connus (1) mais n'étaient accompagnés d'aucune sûreté réelle. L'hypothèque n'était pas d'ailleurs connue partout, et là où elle le fut, comme en Grèce ou à Rome, au temps de l'Empire, elle ne paraît pas avoir rempli la fonction que nous étudions ici. Du reste, les besoins de la pratique n'étaient pas ceux d'aujourd'hui; la vie économique était à l'état complet d'enfance; les transactions étaient restreintes et le commerce n'avait pas atteint les développements énormes qu'il a aujourd'hui; par suite, les besoins du crédit n'étaient pas les mêmes, surtout le crédit foncier. Tout cela explique la rareté du titre au porteur en général et la non-existence de l'obligation hypothécaire au porteur, en particulier.

(1) Sur ce point, voir Wahl : *Traité théorique et pratique des titres au porteur*, I, n°s 16 et suivants.

Nous pouvons nous en tenir à ce court exposé pour ce qui concerne les temps antiques; nous pouvons même faire cette remarque, que notre étude historique débute sur ce point par un procès-verbal de carence.

§ 2. — Moyen âge et temps modernes.

Le moyen âge offre seulement quelques documents, qui ne nous retiendront guère, pour arriver plus vite aux temps modernes, qui seront notre véritable champ d'exploration.

L'histoire du titre au porteur à cette époque obscure, et sa distinction du titre à ordre, est en dehors de notre sujet (1).

En ce qui concerne le titre au porteur, garanti par une sûreté réelle, il en existe, à notre avis, au moins quatre exemples datant du XIIᵉ siècle.

Ils sont cités dans le cartulaire de l'abbaye de Fontjoncouse, publié dans le *Bulletin de la Commission archéologique de Narbonne,* tome I. Trois d'entre eux, dit M. Debray, à qui nous empruntons ces renseignements (2), contiennent un acte d'engagement, *impignoratio,* d'un fonds en totalité ou partie, en raison d'une constitution de rente et pour en assurer le rachat. Les trois chartes qui mentionnent les clauses en question sont ainsi conçues :

1º La première porte : *Impignoratores sumus tibi*

(1) Sur cette histoire, v. Wahl, *op. cit.*, I, nᵒˢ 27 et suiv.
(2) Louis Debray. *La clause à ordre,* thèse pour le doctorat, Paris, 1892, p. 15.

Petro de Funjunchusa et posteritati tuæ et cui laxare volueris, medietatem. L'acte est de l'année 1156.

2° La seconde, de l'année 1161, contient la même rédaction que la première, sauf cette variante : *cui dimittere volueris.*

3° Dans la troisième, de l'année 1185, on trouve ces mots : *cui vobis dimittere volueritis, pro verbo aut scripto.*

4° La dernière chartre est un acte de vente : *Vendimus tibi Petro et omnibus hominibus quibuscumque volueritis, verbo vel scripto, dimittere, domum nostram.* Elle est datée de l'année 1162.

M. Debray, qui cite ces documents, croit y voir une *clause à ordre.* Nous sommes plutôt tenté d'y voir une clause *au porteur,* car rien dans les textes cités ne permet de soupçonner la nécessité d'un endossement. Tous, au contraire, laissent voir une extrême facilité de circulation pour l'acte qu'ils constatent : *Cui dimittere volueritis,* est-il dit. « Nous avons engagé notre fonds envers qui vous voudrez désigner ; envers celui qu'il vous plaira de choisir. »

C'est là le type même du titre au porteur, et on le voit, du titre au porteur garanti par hypothèque.

Quant à la quatrième chartre, le titre au porteur est encore plus énergiquement garanti ; il l'est par la propriété même de l'immeuble et non plus par une simple *impignoratio.*

Les vendeurs vendent leur maison et le porteur de l'écrit sera l'acheteur : il n'aura qu'à se présenter pour avoir l'immeuble. C'est, si l'on peut s'exprimer ainsi, une sorte « *de vente au porteur* ».

On peut rapprocher ceci des promesses de vente actuelles, des pollicitations, des offres faites par un individu qui veut aliéner.

Supposons que le propriétaire d'un terrain, au lieu d'apposer chez lui l'affiche ou l'écriteau sur lequel il a mis « *terrain à vendre* », livre cette affiche à une personne en lui disant : « Celui qui me la rapportera sera l'acheteur » ; l'opération ainsi faite est très licite ; ce ne sera pas autre chose que cette espèce de vente au porteur rapportée dans la chartre de 1162.

M. Wahl cite également un acte datant de l'année 1056, et qui contient une « *hypothèque au porteur* (1). »

Il ajoute qu'à cette époque les titres au porteur abondent dans « *les actes les plus divers* ». Il est donc probable que les hypothèques au porteur étaient alors déjà connues dans la pratique. Celle de 1056, citée par M. Wahl, ne l'est qu'à titre de simple exemple.

Nous ne suivrons pas le titre au porteur dans ses diverses évolutions historiques. Nous avons hâte d'arriver à la période contemporaine, qui est l'époque de son épanouissement. Nous signalerons seulement la constitution de rente dans l'ancien droit.

On sait que les rentes foncières, immeubles autrefois, étaient assignées sur des immeubles. C'était l'immeuble aliéné, à charge de rente foncière, qui répondait du paiement de la rente ; il y avait là une garantie réelle très efficace et par cela même une lourde charge pour la propriété foncière. Or les rentes étaient, paraît-il, fréquemment constituées par des titres au porteur (2). On voit dès lors le développement qu'avait déjà commencé à prendre, avant la

---

(1) Wahl. *Op. cit.*, n° 65, p. 59, note *in fine*.

(2) M. Wahl en cite plusieurs exemples, *op. cit.*, I, v. par exemple n°s 62, 65, 66, textes et notes, etc.

Révolution, l'institution des obligations au porteur, bénéficiant de sûretés réelles. L'extension des rentes étaient une des plaies de l'ancien droit ; elle constituait un des obstacles les plus graves à la libre circulation des biens ; peu de gens, en effet, se souciaient d'acheter un immeuble grevé parfois d'une série de rentes perpétuelles. Mais la pratique de la rente foncière au porteur était, tant bien que mal, le remède à cette situation fâcheuse : elle circulait facilement et apportait une compensation, telle quelle, à la stagnation de la propriété foncière.

On peut encore mentionner le premier exemple connu, des *Handfesten* de la ville de Brême. C'était un titre au porteur constatant, lui aussi, une rente foncière et se rapprochant de celle dont nous venons de parler (1).

Il faut dire enfin que les titres à ordre avaient déjà, bien avant la Révolution même, commencé à recevoir un développement considérable. Souvent ils étaient, eux aussi, garantis par une hypothèque ou une autre sûreté réelle (2).

La conclusion que nous voulons tirer de tout cela, c'est que, déjà dans l'ancien droit, on avait dégagé l'hypothèque de certaines entraves et pratiqué une sorte de mobilisation du crédit immobilier et foncier. C'est une conception de facilité et de rapidité dans la circulation des engagements hypothécaires qu'il convient de retenir.

On voit par là que l'idée mère de l'institution étudiée ici n'est pas une innovation radicale : elle a ses

____

(1) Wahl. *Op. cit.*, I, n° 93.
(2) Voir les ouvrages cités de MM. Wahl et Debray.

racines dans l'ancienne jurisprudence française, et sur ce point comme sur bien d'autres, la pratique n'a fait que consolider, développer et améliorer ce qui existait déjà. Il en est du droit comme de bien d'autres choses : ce qui est bon finit toujours par s'imposer.

§ 3. — Droit intermédiaire. Délimitation de notre sujet.

Le droit intermédiaire présente un double phénomène, intéressant pour le sujet que nous traitons : c'est la prohibition des titres au porteur et une tentative d'organisation du crédit foncier.

Tout d'abord, les « *billets au porteur* » furent radicalement supprimés. Un décret de la Convention du 8 novembre 1792 défendit à quiconque, corps administrés ou municipaux, particuliers ou compagnies, d'en émettre, et ce, d'une façon absolue. La sanction était la poursuite, et la peine était la même que celle édictée pour l'émission de fausse monnaie. L'auteur d'un billet au porteur encourait la peine de mort. Le but cherché par ces moyens draconiens était d'éviter toute concurrence *aux billets d'État*, c'est-à-dire aux assignats. Une cause tout à fait particulière et momentanée peut seule, en effet, expliquer la sévérité de la Convention.

Mais, d'autre part, on assista à une tentative intéressante due, elle aussi, à l'initiative de la Convention. Un décret du 9 messidor an III créa ce qu'on a appelé les *cédules hypothécaires* ou *foncières*, ou encore *l'hypothèque sur soi-même*.

Supposons qu'un propriétaire d'immeubles veuille se créer des ressources; d'après les dispositions de la loi de l'an III, il peut prendre lui-même hypothèque sur son propre bien, et faire ainsi ce qu'on a appelé une *prénotation*. En conséquence de cette inscription hypothécaire ainsi formée, il pourra se faire délivrer, par le conservateur des hypothèques, *un titre foncier* ou *cédule,* qui entrera en circulation, en entraînant en quelque sorte à sa suite le gage immobilier sur lequel il repose (1).

Il convient d'ajouter immédiatement ici, que nous sommes loin de la notion de l'obligation hypothécaire au porteur. Le système de l'an III reposait en effet sur une toute autre conception. La différence, entre la cédule foncière et l'obligation hypothécaire au porteur, consiste d'abord en ce que la cédule est transmissible par endossement. Elle tient aussi au fond même du droit : tandis que l'hypothèque ne peut exister indépendamment d'une créance dont elle est l'accessoire, l'hypothèque sur soi-même du décret de messidor a une existence propre, indépendante et dégagée de toute idée de créance. Du jour où elle a été émise par le conservateur des hypothèques, la cédule fait entrer dans le portefeuille du propriétaire une partie mobilisée de sa fortune immobilière. C'est en quelque sorte le gage foncier lui-même, le sol, qui désormais circulera de main en main sous la forme du titre qui l'individualise et lui donne le mouvement et la vie. A ce point de vue, il est donc vrai de dire que la cédule foncière mobilise non seulement les titres

(1) E. Besson. *Les livres fonciers et la réforme hypothécaire,* Paris, 1891, p. 90.

du crédit immobilier, mais encore la fraction du sol dont elle représente la valeur (1).

Nous avons tenu à bien établir la nature et les caractères de l'*hypothèque sur soi-même,* pour montrer, d'une façon péremptoire, combien elle diffère de l'obligation hypothécaire au porteur. La cédule, avonsnous dit, a une vie propre et indépendante : voilà le point capital ; elle n'a besoin d'aucune créance pour substratum ; elle n'est pas un accessoire, elle est le principal, elle se suffit à elle-même ; elle vit de sa vie propre ; tandis que l'hypothèque dont nous nous occupons dans ce travail n'est qu'une hypothèque accessoire d'une créance au porteur, et qui se trouve simplement transmise en même temps que cette créance.

Nous ne voulons pas rechercher si l'hypothèque une fois constituée valablement, comme sûreté réelle et accessoire d'une créance, peut être détachée et transportée seule ; cela se trouve en dehors de notre cadre, déjà assez vaste par lui-même.

Nous nous proposons d'examiner uniquement si une créance au porteur peut être garantie par une hypothèque ou un privilège immobilier, et en cas d'affirmative, de rechercher quel devra en être le fonctionnement.

En traitant ainsi notre sujet, nous touchons bien également à l'organisation du *crédit foncier* et à ce qu'on a appelé *la mobilisation de la propriété;* mais nous y touchons par un côté autre que la cédule hypothécaire, sur laquelle nous n'avons pas à nous étendre plus longuement ni à prendre parti. Au surplus, cette loi de messidor ne fut jamais appliquée : elle

(1) V. E. Besson, *loc. cit.*

tombait mal; la dépréciation des assignats lui avait porté un coup funeste. Elle fut prorogée par des lois du 26 frimaire an IV, du 19 ventôse et du 19 prairial an V, puis suspendue indéfiniment par la loi du 28 vendémiaire an V. En somme, ce fut une tentative toute théorique et qui est restée mort-née.

Ces explications fournies, le terrain se trouve maintenant complètement déblayé et notre sujet est bien délimité; nous n'allons plus avoir à nous occuper que de l'obligation hypothécaire au porteur actuelle; cela nous amène naturellement à parler de la jurisprudence et de la pratique contemporaines: ce sera le sujet de notre prochain paragraphe.

§ 4. — Jurisprudence et pratique contemporaines.

Ainsi que nous l'avons dit, c'est au XIXe siècle seulement que l'obligation hypothécaire au porteur a fait sa véritable et sérieuse apparition et s'est développée d'une façon complète.

Les documents positifs sont nombreux dans les recueils de jurisprudence; nous nous contentons de les citer ici, les commentaires viendront plus tard.

Dès l'année 1829, nous trouvons dans la jurisprudence un exemple du titre dont nous vous parlons :

Un débiteur avait souscrit une obligation hypothécaire (authentique) au porteur, sans autre désignation du créancier. La Cour de Poitiers, qui eut à statuer à ce sujet, laissa sans solution la question de validité d'un tel acte. Elle n'examina que l'inscription de l'hypothèque et la déclara irrégulière. L'hypothèque n'étant pas inscrite valablement, ne pouvait pas produire d'effet au regard des autres créanciers. Voir l'arrêt de la Cour de Poitiers du 15 décembre 1829 dans la collection de Sirey chronologique, IXe volume, 1828-1830, 2, page 350. Plus loin, nous aurons à indiquer quelles conditions doit remplir l'inscription pour être valable.

Un arrêt de la Cour de Bordeaux fournit une autre espèce.

Par acte notarié du 1er juin 1842, deux époux cédèrent des fermages à échoir, *au porteur,* jusqu'à concurrence de 16,000 fr.; ils contractèrent personnellement l'engagement de payer, dans le cas où le fermier ne payerait pas, et pour sûreté de leur obligation personnelle, hypothéquèrent une maison à eux appartenant.

Vainement, lors de la distribution du prix de la maison, essaya-t-on de contester la validité de l'opération; le Tribunal d'Angoulême, par jugement du 24 décembre 1850, la regarda comme parfaitement régulière. Il formula deux décisions également importantes en déclarant :

1° Qu'une hypothèque peut être constituée par un contrat authentique d'obligation au porteur ;

2° Que la cession d'un titre hypothécaire peut s'opérer de la main à la main.

La Cour de Bordeaux évita de se prononcer sur les deux propositions émanées du Tribunal. Elle s'appuya sur de tout autres considérations pour rendre son arrêt. Voyez le jugement du Tribunal d'Angoulême et l'arrêt de la Cour de Bordeaux du 18 mars 1852 dans le *Recueil* de Dalloz, 1852, 2, 280 et dans le *Recueil* de Sirey, 1852, 2, 321.

Une espèce, bien plus intéressante encore, fut soumise à la Cour de cassation en 1881.

Il s'agissait d'une somme d'un million de francs représentée par 3,333 obligations au porteur de 3oo fr. chacune, dont le remboursement était garanti par une hypothèque constituée sur les immeubles de la Société des eaux minérales d'Enghien.

Ce n'était plus une obligation hypothécaire de quelques milliers de francs au profit d'un simple particulier, comme dans les deux cas précédents ; le capital engagé était considérable et les obligataires nombreux : ils formaient légion. En outre, chose à noter, une société civile avait été créée entre les obligataires, dans le but de défendre leurs droits respectifs et de prendre inscription.

Toutes ces combinaisons juridiques, sur lesquelles nous aurons à revenir plus longuement, furent validées par le Tribunal civil de Pontoise, jugement du 14 août 1877, et par la Cour d'appel de Paris, arrêt du 15 mai 1878. Mais, lors du pourvoi qui fut alors formé, la Cour de cassation évita de se prononcer ; elle cassa l'arrêt de la Cour de Paris, mais pour un autre motif dont nous aurons à parler plus loin. Voir l'arrêt de cassation du 29 juin 1881, S. 1883, 1, 218 et D. 1882, 1, 107.

L'obligation hypothécaire au porteur devait enfin recevoir la sanction de la Cour suprême. La Société métallurgique de Tarn-et-Garonne avait émis 5,ooo obligations. Les obligataires se constituèrent en société civile ; puis la Société métallurgique consentit à cette société civile d'obligataires une affectation hypothécaire de tous ses immeubles, mines, usines et dépendances.

Le Tribunal civil de la Seine, jugement du 23 février 1883, la Cour de Paris, arrêt du 5 décembre 1885, et enfin la Cour de cassation, arrêt de la Chambre civile du 3 décembre 1889, déclarèrent valable tout ce qui avait été fait. Voyez décision dans S. 1891, 1, 525 ; Dalloz 1890, 1, 105 et *Journal des sociétés*, 1891 page 107.

Cet arrêt de 1889 est des plus importants ; il consacre solennellement les efforts de la pratique ; il sanctionne la validité des recherches ingénieuses tentées par les financiers et les hommes d'affaires ; il est le point culminant de l'étape parcourue par les titres dont nous nous occupons.

Aujourd'hui, l'évolution est complète ; la pratique, approuvée et appuyée par la jurisprudence, s'est emparée de l'institution ; elle ne l'abandonnera pas. Désormais, on peut dire que la doctrine se trouve en présence du fait accompli ; il ne lui reste plus qu'à faire la théorie, à édifier la construction juridique de l'obligation hypothécaire au porteur.

Les espèces citées plus haut ne sont que des exemples, car bien d'autres décisions que celles que nous avons indiquées sont intervenues pour des combinaisons analogues à celles que nous avons énoncées, nous pouvons en rappeler quelques-unes :

Arrêt de la Cour de Douai du 12 mai 1880, D. 1882, 2,243 ; l'émission avait été de 9,000 obligations.

Autre arrêt de la même Cour, du 20 janvier 1881 ; D. 1882, 2,21 ; *Journal des sociétés*, 1882, page 250, et sur pourvoi, arrêt de la Cour de cassation du 19 février 1884 ; *Journal des sociétés*, 1884, page 480. Il s'agissait d'une émission remontant au 15 mai 1869, de 30,000 obligations au porteur de 300 fr. chacune, avec garantie hypothécaire. On peut consulter, pour avoir plus de détails sur les conditions de l'émission, le jugement du Tribunal de Lille du 30 juillet 1880; *Journal des sociétés,* 1889, page 91.

Jugement du Tribunal civil de Bourges, 8 mars 1888; *Pandectes françaises,* 1888, 2, 161.

M. de Folleville cite dans son traité sur la possession des meubles et des titres au porteur (page 320, n° 162) une compagnie étrangère, Memphis el Pazo et Pacific, qui a émis *des bons d'hypothèque au porteur,* ainsi que cela résulte du bulletin officiel des oppositions, où vingt numéros de ces titres étaient inscrits le 4 juin 1873.

M. Labbé, dans une note du recueil de Sirey, 1879, 2, 313, parle également d'une émission d'obligations hypothécaires au porteur, faite par la Société métallurgique du Périgord.

Nous n'avons cité que des opérations qui nous sont connues par les débats judiciaires auxquels elles ont donné lieu. Combien d'autres, et c'est le plus grand nombre, ont eu une existence plus paisible, et n'ayant pas eu d'histoire, nous sont ignorées.

Cet exposé historique suggère une remarque. Les premiers monuments de jurisprudence cités, ceux qui remontent à la première moitié de ce siècle, sont relatifs à des engagements souscrits par des particuliers à des particuliers, et portent sur des sommes relativement minimes; les derniers arrêts rendus portent sur des opérations faites par des sociétés et roulent sur de gros capitaux; ce qui prouve que la chose étant bonne, on est allé du petit au grand. Ce sont du reste plutôt les sociétés, sous quelque forme qu'elles existent (États, villes, établissements industriels ou autres), qui ont usé et useront de plus en plus de ce procédé, désormais aussi légal qu'avantageux et pratique; les particuliers n'y auront que rarement recours.

Fidèle au chemin que nous nous sommes tracé, nous avons laissé de côté les obligations hypothécaires à ordre, et pourtant nous eussions trouvé là des documents de jurisprudence, plus nombreux encore, que pour les obligations hypothécaires au porteur. Il nous faut bien cependant en citer quelques-uns, car il y a entre eux une parenté si étroite, que les arguments qui y sont contenus peuvent aussi bien être invoqués en faveur de la thèse que nous soutenons.

Sur la validité et le fonctionnement des obligations hypothécaires à ordre, on pourra donc consulter : Cass., 10 août 1831 ; *Journal des notaires,* 1831, art. 7513.— Cass., 21 février 1838; S., 1838, 1,208.— Cass., 11 juillet 1839; S., 1839, 1,939. — Colmar, 30 décembre 1850 et 29 mars 1852; S., 1854, 2,487.— Metz, 26 janvier 1854; D., 1854, 2,259. — Cass., 20 juin 1854; S., 1854, 1, 593.— Dijon, 5 août 1858; S., 1859, 2, 50.—Alger, 7 mai 1870; D., 1871, 2, 1.— *Journal des notaires,* art. 20287.

On voit que ce n'est pas la matière qui fait défaut. Nous travaillons sur un terrain solide et fertile tout à la fois.

Quant à la doctrine, elle reconnaît aujourd'hui unanimement, comme la jurisprudence, la validité d'une hypothèque constituée dans un titre à ordre, pourvu qu'il soit notarié, et la possibilité de la cession de cette hypothèque par endossement du titre même. V. Merlin, quest., V° Hypothèque, § 18, n° 1. Troplong, *De la vente,* t. II, n° 906. Duvergier, *De la vente,*

t. II, n° 212. Demangeat sur Bravard, t. III, p. 143, et note Marcadé, t. VI sur l'art. 1692, n° 3. Gouget et Merger, *Dictionnaire de droit commercial*, V° *Endossement*, n° 56. Nouguier, *De la lettre de change et des effets decommerce*, t. I, n°ˢ 715 et 716. Ruben de Couder, *Dictionnaire du droit commercial*, t. V, V° *Lettre de change*, n° 538, Alauget, *Commentaire du Code de commerce*, 3ᵉ édit., t. IV, n° 1349. Boistel, *Droit commercial*, n° 752. Lyon-Caen et Renault, *Précis de droit commercial*, t. I, page 542, note 2 et p. 590, note 2. Guillouard, *Traité de la vente et de l'échange*, t. II, n° 815.

Une opinion contraire avait tenté autrefois de se faire jour, on avait essayé de prétendre que les principes de notre droit hypothécaire s'opposaient à la création d'un titre authentique négociable, ou tout au moins à la transmission de l'hypothèque par endossement. V. en ce sens Massé, *Le Droit commercial*, t. IV, n° 2996. Cabantous, *Dissertation* dans *le Recueil* de Sirey, 1838, 1, 209. Dalloz, *Répertoire*, V° *Effets de commerce*, n° 373 et V° *Privilèges et Hypothèques*, n° 1267.

Mais ce système, assez ancien déjà, n'a pas fait fortune, MM. Lyon-Caen et Renault (*Précis de droit commercial*, t. I, p. 590, note 2) le considèrent comme définitivement abandonné.

Nous aurons plus loin, dans la partie critique de notre travail, à en parler et montrer que cet abandon est justifié.

Si nous avons autant insisté sur ce point, c'est qu'il a pour nous son importance, puisqu'il montre qu'aujourd'hui l'hypothèque est reconnue transmissible par un titre à ordre, et s'il en est ainsi, il n'y a qu'un pas à faire pour qu'elle puisse également se transmettre par un titre au porteur. L'une des solutions conduit forcément à l'autre.

Aussi, prendrons-nous comme point de départ de notre discussion cette proposition, aujourd'hui certaine, à savoir la validité de la constitution et de l'endossement de l'hypothèque par un titre à ordre.

Mais avant d'arriver à cette discussion, nous avons d'autres jalons à placer sur notre route.

Nous venons de voir ce qu'a fait la pratique. Il faut examiner maintenant ce que vaut son œuvre au point de vue économique; passer en revue ce qui a été accompli par les législations étrangères; rechercher si plusieurs d'entre elles n'ont pas craint de pousser plus en avant et de dépasser les hommes d'affaires de notre pays; enfin, tirer de tout cela un enseignement utile et profitable.

CHAPITRE II

ÉTUDE AU POINT DE VUE ÉCONOMIQUE

———

Le côté économique joue un grand rôle dans l'étude que nous avons entreprise. Si l'économiste reconnaît que l'obligation hypothécaire au porteur présente de sérieux avantages et que l'extension en est souhaitable, le jurisconsulte devra s'efforcer à son tour de chercher des combinaisons valables, pour que l'opération ait une sécurité légale absolue.

Voyons donc ce que vaut notre institution au point de vue économique. Inutile de démontrer, car c'est l'évidence même, qu'elle se rattache à toutes branches importantes de la richesse publique et privée. Elle touche à la fois au placement des capitaux mobiliers, à l'organisation du crédit foncier et au développement général de l'agriculture, de l'industrie et du commerce. C'est évidemment un facteur économique de premier ordre.

§ Ier. — L'obligation hypothécaire au porteur et le placement des capitaux.

Le capitaliste qui veut placer son argent vise un double résultat, qui est d'abord un taux d'intérêt aussi élevé que possible et ensuite une assurance de son remboursement. Les deux choses s'excluent bien un peu, c'est certain, et ici, comme ailleurs, on ne peut tout avoir à la fois : sécurité et rendement ; il faut opter pour l'un ou pour l'autre. L'homme sérieux, le père de famille soucieux de conserver son patrimoine, préférera assurément la sécurité au rendement; il voudra une valeur de tout repos, dans le vrai sens du mot.

Or, la créance simplement chirographaire ne pourra lui donner ce qu'il cherche et désire ; les désavantages que peuvent présenter ces créances sont trop connus pour qu'il soit utile même de les énumérer; mention-nons seulement un des principaux, qui est l'obligation de subir le concours de tous les autres créanciers.

Au contraire, si à la créance se trouve attaché un droit hypothécaire, tout change ; on a alors la sécurité demandée, car l'hypothèque entraîne avec elle droit de suite et droit de préférence. Nous nous abstenons de tout développement, nous sommes ici sur un ter-rain également trop connu et trop classique.

On s'explique et l'on comprend dès lors pourquoi l'obligation hypothécaire sera recherchée par les capi-talistes, si à sa qualité d'hypothécaire, le titre qui la représente joint celle d'être au porteur. Plus besoin d'attendre l'échéance de la dette; avez-vous, pour une cause quelconque, envie de toucher l'argent que vous avez prêté ? une simple transmission du titre, faite de la main à la main, vous le procurera aussitôt.

Voilà le rôle que joue actuellement l'obligation hypothécaire au porteur pour le placement des capi-taux; nous pouvons, sans être grand devin, assurer que ce rôle ira grandissant de plus en plus, et cela tout seul, par la force même des choses.

Nous allons examiner maintenant quel rôle elle joue au point de vue du crédit foncier.

§ 2. — L'obligation hypothécaire au porteur et le crédit foncier.

L'obligation hypothécaire au porteur intéresse au plus haut point le crédit foncier.

La propriété foncière, dans une bonne législation, doit constituer pour le propriétaire un précieux instrument de crédit. En effet, les garanties réelles sont les meilleures qu'un débiteur puisse fournir à son créancier. Mais plusieurs conditions sont nécessaires pour que les immeubles puissent remplir cette fonction. Il faut :

1° Que les garanties offertes soient sûres, c'est-à-dire que la propriété des immeubles soit certaine dans la main de celui qui constitue hypothèque ;

2° Que le titre du créancier circule facilement ;

3° Que le crédit dont bénéficie le débiteur soit à bon marché.

La première condition ne concerne pas particulièrement notre institution. Elle a une portée générale : elle n'est autre que la question de la stabilité de la propriété foncière, qui est indispensable non seulement pour que le propriétaire trouve des bailleurs de fonds, mais aussi des acquéreurs quand il veut aliéner.

Nous n'avons pas à faire l'histoire et l'étude des mesures prises par les diverses législations pour assurer cette stabilité. Il nous suffira de rappeler un décret du 9 messidor an III qui avait créé le système « *des déclarations foncières* ».

Tout propriétaire qui voulait vendre ou affecter hypothécairement un immeuble devait en faire, au bureau de la conservation des hypothèques, la déclaration détaillée ; il était obligé de fixer, avant tout, la situation matérielle et la valeur de son fonds. C'était quelque chose d'analogue à l'immatriculation des systèmes germaniques.

Cette innovation présentait des avantages et des vices que nous n'avons pas à développer ici (1).

Les dispositions de la loi du 11 brumaire an VII, du Code civil pur, du Code de procédure civile et de la loi du 23 mars 1855 sont connues ; inutile d'insister.

A l'étranger, le système prussien de 1872 (2) celui des *Handfesten* de la ville de Brême, l'institution des Livres fonciers, le mécanisme de l'*Act Torrens* en Australie, etc., tout cela a eu pour but d'assurer une base inébranlable au droit de propriété immobilière. Nous dirons quelques mots seulement sur cette dernière institution, qui fonctionne également en Tunisie depuis quelques années déjà et qui nous touche de plus près.

Une étude complète en a été notamment faite par M. Alfred Dain, professeur agrégé à la Faculté de droit d'Alger, dans un rapport présenté au ministre de l'Instruction publique.

Dans ce rapport, l'auteur expose les merveilleux progrès acccomplis par la loi indroduite en 1855 dans

---

(1) Sur les détails, v. E. Besson : *Les livres fonciers et la réforme hypothécaire*, p. 86 et suiv.

(2) Deux lois du 5 mai 1872 ont eu pour objet « l'acquisition de la propriété foncière » et « les livres fonciers ». V. l'*Annuaire de la législation étrangère*, 1873, p. 208 et suiv.

l'Australie méridionale par sir Robert Torrens, et qui s'est rapidement étendue à toutes les colonies voisines.

Cette loi tend et arrive à la mobilisation du sol et des créances hypothécaires ; elle transforme en valeur de circulation le crédit immobilisé dans le sol.

Nous nous contentons de renvoyer à cette étude ; ce sujet ne rentrant pas dans notre cadre (1).

Mais comme ces idées ne sont pas spéciales à notre sujet. nous passons sans appuyer, en faisant simplement remarquer que le prêteur, même quand il sait que les formalités de la loi de 1855 ont été remplies, peut cependant craindre encore de voir apparaître quelque hypothèque occulte. Cela est si vrai, que pour remédier aux défectuosités de notre système hypothécaire, lors de l'organisation de la société du Crédit Foncier, on a fait des lois d'exception et de faveur : notamment la faculté pour cet établissement de pouvoir se mettre à l'abri des hypothèques occultes au moyen de la purge, procédé qui n'est accordé à aucun autre prêteur et est exclusivement réservé aux acquéreurs d'immeubles.

Cet aléa pour le prêteur ordinaire n'est pas sans exercer une certaine influence sur les conditions du prêt, qui en deviennent par suite plus dures et notamment sur le taux de l'intérêt, qui en ressort plus élevé. Car l'intérêt de l'argent comprend deux éléments : d'abord le loyer naturel et normal du capital prêté, et puis ce qu'on a appelé la « *prime d'assurance* » contre les dangers du placement; or, plus ces dangers sont grands, plus évidemment cette prime et l'intérêt lui-même seront élevés.

(1) V. Alfred Dain : *Rapport présenté au ministre de l'Instruction publique*, Alger (Jourdan), 1885.

C'est ainsi que les obligations hypothécaires sont intéressées à l'assiette de la propriété foncière et qu'elles sont intimement liées à la stabilité du droit de propriété des immeubles.

Que n'a-t-on pas écrit sur ce sujet, il y aurait de quoi en former une bibliothèque. Ne pouvant tout citer, nous nous contenterons de renvoyer à l'un des documents les plus intéressants, qui est le compte-rendu des travaux de la Commission extra-parlementaire du cadastre, publié par l'Imprimerie nationale.

A côté de cette première condition de l'assiette de la propriété, qu'on pourrait appeler aussi bien l'assiette de l'hypothèque, il en existe une autre qui est plus spéciale à notre étude de l'obligation hypothécaire au porteur : c'est la possibilité pour elle de circuler facilement c'est ce qu'on a appelé la mobilisation du crédit foncier.

Depuis de longues années, on cherche à donner à la terre une activité économique qui lui manque et à rapprocher sa situation juridique de celle de la propriété mobilière.

La distinction des biens meubles et immeubles semble bien être capitale au premier abord et sans fusion possible. Le Code civil, imitant en cela l'ancien droit, en avait fait la base même de la division des biens. A tout instant, on la retrouve dans notre droit, dès qu'il s'agit d'une opération quelque peu importante : le contrat de mariage, les saisies, les servitudes, l'hypothèque, etc. Tout cela est connu.

Pourtant, la distinction tend à disparaître. Meubles et immeubles n'ont évidemment pas encore fusionné, mais ils ne sont plus aussi éloignés l'un de l'autre qu'ils l'étaient dans l'ancien droit. L'assimilation se fait lentement, mais sûrement. Est-ce à dire pour cela qu'elle se réalisera jamais complètement, il est permis d'en douter ; contentons-nous pour le moment de mentionner cette tendance d'assimilation sans rechercher autrement ce qu'elle pourrait avoir de bon ou de fâcheux, si jamais elle se réalisait complètement.

Une double cause a produit ce phénomène juridique et économique. D'une part, le prodigieux développement de la richesse mobilière et d'autre part, comme contre-coup, la dépréciation de la propriété foncière.

On sait qu'autrefois c'était le contraire qui existait. Dans l'ancien droit, les immeubles seuls étaient considérés comme constituant véritablement une valeur ; pour les meubles, on connaît la maxime qu'on leur appliquait : *Res mobilis, res vilis.*

Il y avait d'ailleurs beaucoup moins de meubles qu'aujourd'hui, et ceux qui auraient pu constituer une richesse avaient été, par suite des idées d'alors, rangés arbitrairement dans la catégorie des immeubles ? tels étaient les rentes, les offices, etc.

Le Code civil lui-même, tout en élargissant la notion des meubles, suivit les mêmes errements. Il réserva toutes ses faveurs, on pourrait dire toute sa tendresse, pour le sol et les choses tenant au sol. Il y eut pour eux une réglementation spéciale, longue et compliquée, destinée à assurer leur conservation. Il suffit de rappeler les différences capitales qui régissent la capacité d'aliéner les meubles et les immeubles pour certaines classes d'individus : mineurs émancipés, tuteurs, femmes mariées, etc. En matière de succession, le rapport des meubles et des immeubles se fait aussi d'une façon différente : pour les immeubles, c'est le rapport en nature; pour le mobilier, il se fait en moins prenant; le législateur de 1804 laisse par là comprendre qu'il le tient dans un état d'infériorité. C'est surtout dans le contrat de mariage que cette idée éclate. Ici le meuble est complètement sacrifié à l'immeuble; l'équité elle-même proteste contre cet arbitraire : le premier, de par la loi, devient *commun*, le second reste *propre*.

Mais voici que peu à peu des changements surviennent. Le meuble longtemps opprimé et avili prend sa revanche; les rôles sont renversés; aussi la véritable richesse aujourd'hui, ce sont les valeurs mobilières.

Il a fallu prendre des mesures législatives pour protéger les meubles et les relever de leur état d'infériorité; on a rapproché leur situation de celle des immeubles. De là la loi du 27 février 1880 sur la protection des valeurs mobilières; les lois du 10 décembre 1874 et du 10 juillet 1885 autorisant l'hypothèque des navires; la loi du 6 février 1893 qui a rendu à la femme séparée de corps et de biens sa pleine capacité civile, et cela, sans les anciennes distinctions entre les meubles et les immeubles. De là bien d'autres innovations dont nous n'avons pas à parler; de là la théorie de la jurisprudence sur l'inaliénabilité de la dot mobilière; théorie qui, en supposant qu'elle ne soit pas légale, nous n'avons pas à le discuter ici, est tout au moins conforme aux besoins économiques nouveaux; de là enfin les tendances à la mobilisation du sol. On le voit, les meubles ont fini par l'emporter sur les immeubles.

La théorie des obligations hypothécaires au porteur trouve sa place et sa raison d'être dans cette idée de mobilisation.

Ainsi, après deux phases distinctes : la première qui est celle de la prédominance des immeubles, la seconde qui est l'inverse, nous nous trouvons au seuil d'une troisième, qui tend à une fusion et à un équilibre entre ces deux richesses.

L'obligation hypothécaire au porteur, par suite des éléments qui la composent, est évidemment appelée à jouer un rôle capital dans cette troisième phase.

Grâce à elle, la terre pourra véritablement être appelée l'*alma parens ;* car, à la vie matérielle qu'elle nous donne, s'ajoutera la vie économique. Grâce à notre hypothèque, nous satisferons aux exigences sociales de notre époque ; nous aurons démocratisé la terre et obtenu d'elle une ressource de plus à ajouter à celles qu'elle nous accorde volontiers quand notre demande est véritablement utile et profitable (1).

Nous verrons alors, par un juste retour, les capitaux accaparés maintenant par la Bourse, revenir à la propriété foncière et lui prêter l'appui qui lui permettra de se développer dans les mêmes conditions que la propriété mobilière.

En effet, quand on verra qu'une obligation hypothécaire au porteur peut être cédée avec la même facilité qu'une valeur de Bourse, la cause sera absolument gagnée, car c'est le titre de placement par excellence, puisque, aux avantages du titre ordinaire, se joindra la ressource énorme qu'offre la garantie réelle conférée par l'hypothèque.

Aussi, ne faut-il pas s'étonner de voir les économistes les plus pondérés être les partisans clairvoyants de ce système.

(1) E. Besson. *Les livres fonciers et la réforme hypothécaire,* p. 3.

Il importe beaucoup, dit l'un d'eux, de faciliter la transmission des droits hypothécaires (1).

Quels horizons nouveaux s'ouvriront le jour où l'on verra disparaître l'espèce de muraille de Chine qui semble entourer l'hypothèque et qui restreint son domaine, alors que réellement rien de cela n'existe autour d'elle; elle a le champ libre au contraire.

Mais il faut en cette matière, comme en bien d'autres, compter avec les préjugés; chacun sait ce qu'il coûte de peine d'abord pour les aborder et surtout pour les extirper.

Ce qui se passe en effet existerait-il et subsisterait-il, si le préjugé dont nous venons de parler n'était pas là, enserrant et murant pour ainsi dire cette malheureuse propriété foncière, qui finit par étouffer et succomber, par suite des entraves qu'on voudrait lui imposer, sous prétexte qu'elle doit rester telle que la nature l'a faite, c'est-à-dire fixe et immobile.

Tout cela est-il réellement vrai ? A quoi bon alors posséder cette terre qui est l'une de nos grandes richesses nationales, si ce n'est la plus grande, si nous ne pouvons pas en tirer tous les profits utiles.

Non, tout cela n'est qu'un préjugé, et comme tel il doit fatalement disparaître; l'époque des attaques est terminée, celle de l'agonie commence et aura bientôt définitivement sonné.

En attendant, ce n'est pas douteux, le crédit foncier s'achète trop cher. Comment en effet l'agriculture, avec un rendement moyen de 2 à 3 % par an, pourrait-elle payer des intérêts même restreints à 4 1/2 % ou 4 % (2).

(1) Paul Cauvès. *Cours d'économie politique*, 3e édition, 1893, t. II, p. 241, n° 678.

(2) D'après les statistiques du ministère des Finances, la pro-

Et nous parlons en ce moment du taux seul de l'intérêt, si nous y ajoutons les frais qu'entraîne le prêt hypothécaire, nous arrivons à 5 °/₀ au moins, pourvu que le prêt ait quelque durée et porte sur une somme relativement importante. Si au contraire il est contracté pour quelques années seulement et s'il roule sur des sommes minimes, alors on arrive à un taux d'intérêt énorme et qui finira fatalement tôt ou tard par écraser l'emprunteur. Notez que les petits prêts à court terme, dont nous venons de parler, sont nombreux, et la classe des individus qui les contracte est l'une des plus intéressantes et de celles qu'il faut à tout prix protéger.

Il y a de ce chef une plaie saignante au flanc de la propriété foncière. L'obligation hypothécaire au porteur ne la guérira assurément pas, mais elle en atténuera au moins les effets désastreux, en abaissant d'une façon notable le taux de l'intérêt et des charges qui grèvent le petit emprunteur.

En effet, si par la négociation de son titre, dit M. Cauvès, un créancier parvient à réaliser aisément la valeur par lui placée sur un immeuble, il pourra se contenter d'un intérêt moindre, que s'il immobilisait ce capital sans pouvoir en tirer parti pendant une longue durée de temps. Il est aisé de comprendre, ajoute le savant économiste, que l'intérêt doit être variable suivant l'indisponibilité du capital qui fait l'objet du contrat de crédit.

Tout cela a été reconnu et proclamé par toutes les personnes qui se sont occupées de cette question.

priété rurale rapporte en moyenne 2 fr. 89 c. °/₀. Renseignement cité par M. Montagnon : *Traité sur les sociétés de crédit foncier*, p. 213, note 1.

Non seulement les économistes (1), mais aussi les jurisconsultes (2) l'ont mentionné dans leurs écrits.

Bien que notre cause paraisse gagnée, quelques mots encore pour assurer complètement son succès ; car nous allons aborder tout à l'heure les objections qui sont faites à notre système ; elles sont nombreuses et très sérieuses. Il n'est donc pas inutile avant de discuter, de mettre en ligne tout ce qui peut les contrebalancer.

La question économique est vidée ; avec l'obligation hypothécaire au porteur nous mobilisons le sol, avons-nous dit, et nous rendons simple et facile la circulation des valeurs de crédit immobilier ; d'où, non seulement un avantage pour le porteur du titre,

(1) *Documents relatifs au régime hypothécaire*, publiés par Martin (du Nord). Imprimerie Nationale, 1844, t. III, p. 525, XIe question.

(2) Voici l'opinion de M. Beudant, professeur de droit civil à la Faculté de droit de Paris. Dans une note sur l'obligation civile à ordre, il signalait l'importance de cette institution au point de vue d'un problème de législation des plus sérieux, et qui est celui que nous traitons actuellement, c'est-à-dire le problème de la transmission des sûretés hypothécaires :

« L'attention des économistes et des juriconsultes, disait-il, se porte depuis longtemps sur le moyen d'élargir le crédit foncier en le mobilisant. Il est acquis que faciliter la cession des titres hypothécaires, c'est donner aux créanciers un moyen plus rapide de rentrer dans les capitaux avancés ; c'est multiplier par là même le nombre des prêteurs, et par suite donner plus d'étendue au crédit. Si l'on admet, avec une pratique qui tend à se généraliser, que l'hypothèque peut être constituée par acte rédigé en brevet ; si l'on admet en outre que le titre peut être à ordre et devenir cessible par endossement, le problème de la circulation des titres hypothécaires sera à peu près résolu. » Note *in fine* dans Dalloz, 1878, p. 245, en bas.

Nous ajouterons que si le titre, au lieu d'être *à ordre* est *au porteur*, le problème sera tout à fait résolu.

mais encore une cause d'accroissement de la richesse générale, en vertu de cet axiome : que les capitaux circulants sont plus productifs que les capitaux fixes.

L'emprunteur, avons-nous dit, trouvera aussi plus facilement et à meilleur compte les capitaux dont il a besoin.

Enfin, la réalisation du gage, si elle devient jamais nécessaire, s'opérera plus vite et à moins de frais, parce que les porteurs des titres pourront facilement se grouper pour exercer une action commune; ainsi, chacun y gagnera, débiteur aussi bien que créancier.

§ 3. — Objections. Réfutation.

Les objections, et des plus sérieuses, n'ont pas manqué de se produire contre l'institution, objet de cette étude, ou plutôt contre l'idée de cette institution, c'est-à-dire contre la facilité même de circulation des engagements hypothécaires et la mobilisation du sol en résultant.

Elles ont été formulées notamment à propos des titres hypothécaires négociables, lors de l'enquête faite en 1841-1842.

A cette époque, la question était ainsi posée :

« On a imaginé, disait-on, de donner à des titres hypothécaires une forme telle, qu'on pût les transmettre par la voie de l'endossement; le crédit public est-il intéressé au rejet ou à l'adoption de cette combinaison, qui imprimerait peut-être aux capitaux immobiliers un mouvement de circulation beaucoup plus rapide (1) » ?

La combinaison fut vivement combattue et les objections mises en avant peuvent aussi bien s'appliquer aux obligations hypothécaires au porteur actuelles.

Pour rejeter l'endossement, on disait qu'il n'atteignait pas le but cherché; qu'en effet, le propriétaire qui consentirait à créer une semblable hypothèque sur sa terre n'inspirerait aucune confiance, et qu'ainsi, loin d'attirer les prêteurs et leurs capitaux, ce procédé les écarterait. Voilà pour le côté économique.

On invoquait, au point de vue juridique, des arguments que nous analyserons plus loin.

Enfin, comme conclusion, on trouvait que c'était enlever à la terre son principal caractère, qui est la stabilité; on la dénaturait, on la convertissait en lettre de change. L'agriculteur pourrait désormais jouer, parier, spéculer sur son patrimoine; il n'aurait pour cela qu'à consentir des obligations hypothécaires transmissibles par simple endossement.

C'était amener les patrimoines sur le marché de la Bourse; on entrevoyait la ruine des familles, et l'avenir de l'État, comme conséquence, se trouvait lui-même compromis.

C'est ainsi qu'on raisonnait en 1842, au sujet de la mobilisation du sol en général et de l'endossement des titres hypothécaires en particulier (2).

On faisait aussi valoir cette considération que le sol

(1) *Documents relatifs au régime hypothécaire*, publiés par Martin (du Nord). Imprimerie Nationale, 1844, t, III, p. 585.
(2) *Idem.*, t. I, p. xci et suiv.

était déjà assez divisé en France, sans qu'il fût encore besoin de le mobiliser.

Cette division du sol a pour conséquence l'existence d'un grand nombre de propriétaires fonciers, qui sont attachés au sol qu'ils exploitent; il y a une garantie de tranquillité publique et un puissant stimulant du travail. Tout cela changera du jour où la terre perdra sa fixité et sera représentée par des chiffons de papier, qui, sous le nom de titres hypothécaires, auront leur marché à la Bourse et subiront les variations et fluctuations journalières que la spéculation finira forcément par leur imprimer.

La Cour de cassation fit preuve, en 1841, d'une vivacité, on pourrait même dire d'une animosité toute particulière contre l'innovation.

La Cour, est-il dit dans le compte rendu de l'enquête, a rejeté toutes les dispositions tendant à faciliter une plus rapide circulation de ce qu'on a appelé les capitaux immobiliers, ou plutôt à mettre en circulation les immeubles eux-mêmes.

Elle repousse de toutes ses forces toute tentative de centralisation, de prêts hypothécaires et de l'hypothèque elle-même, tout ce qui pourrait avoir pour effet de mobiliser directement ou indirectement le patrimoine des familles (1).

Et à quoi servira du reste une obligation hypothécaire au porteur, disait-on ? Si l'individu qui l'a souscrite a réellement du crédit, point n'est besoin pour lui de recourir à ce moyen ; il n'aura qu'à souscrire un billet ou une simple promesse, et il aura ce qu'il

---

(1) *Documents relatifs au régime hypothécaire*, publiés par Martin (du Nord), t. I, p. 5oo et suiv.

désire. Ce n'est pas parce qu'il aura souscrit une obligation au porteur que son crédit sera augmenté, bien au contraire; on y verra une défiance de lui-même; on supposera que son crédit personnel étant insuffisant, il a voulu masquer cette insuffisance par cette mise en scène de l'hypothèque. Et puis, comment vérifier la valeur de cette hypothèque? Il faut des recherches longues et minutieuses, et encore, après qu'on les a faites, on n'est pas encore en sécurité; une bonne signature sur une simple promesse vaut mieux que tout cela. D'accord : une bonne signature vaut évidemment mieux qu'une mauvaise hypothèque, et par mauvaise, j'entends celle qui n'a que l'apparence d'une garantie, soit parce que l'immeuble offert n'a aucune valeur, soit parce que valant quelque chose, il est déjà grevé pour ce qu'il vaut.

Nous n'insistons pas sur ce point, qui tombe sous le simple bon sens, et laissant de côté la comparaison faite entre une bonne signature et une mauvaise hypothèque, nous disons que celui qui n'a point de signature connue ou qui ne trouve personne pour l'apostiller, sera cependant sûr de la voir acceptée partout, si elle est doublée d'une hypothèque sérieuse; il en sera de même d'une signature quelque peu douteuse; si elle marche toute seule, elle se verra mal accueillie; si elle a au contraire pour soutien une hypothèque ayant quelque valeur, elle fera son chemin et arrivera à son but.

Il y a là une facilité de crédit incontestable, aussi est-elle admise en général, même par les esprits les plus chagrins. Mais la concession faite par eux ne va pas bien loin, car ils se retranchent immédiatement derrière les abus innombrables qu'ils entrevoient; ils rétirent d'une main ce qu'ils ont concédé de l'autre. Les voici énumérant tous ces abus. L'agriculteur, par exemple, au lieu d'employer à la culture et à l'amélioration de son fonds l'argent qu'il aura ainsi emprunté, se mettra à jouer et à spéculer. En lui facilitant le moyen d'emprunter, on l'engage par cela même à en user.

C'est là une critique qui s'applique à tout ; de ce qu'une chose est rendue facile, il n'est pas dit pour cela que chacun va la faire.

Que l'emprunt hypothécaire soit réalisé sous forme de titre au porteur ou d'obligation nominative, si l'emprunteur n'est pas sérieux, il pourra gaspiller dans un cas comme dans l'autre les fonds empruntés.

Au reste, ainsi que nous l'avons dit plus haut, ce sont surtout les sociétés ou établissements industriels qui auront recours à ce mode d'emprunt, et très rarement les particuliers.

Quant aux agriculteurs et aux petits propriétaires fonciers, nous rappelons qu'ils seront sans doute bientôt protégés contre leurs propres entraînements par une loi qui est en ce moment à l'étude devant les Chambres. Le propriétaire d'un fonds, dont la valeur ne dépasserait pas 10,000 fr., ne pourrait pas hypothéquer ce fonds, qui deviendrait en outre insaisissable.

Le but de cette loi (Homestead), qui est présentée et soutenue notamment par M. Leveillé, professeur à la Faculté de droit de Paris, est de faciliter la stabilité des familles et la permanence du foyer (1).

Et sans aller si loin, le titre au porteur proprement dit, ce qu'on appelle la valeur de Bourse, à quels dangers n'expose-t-elle pas ?

(1) Le *Homestead* fonctionne aux États-Unis d'Amérique.

Elle favorise le vol, l'abus de confiance, elle est susceptible de se prêter à tous les vilains rôles qu'on veut lui faire jouer, et cependant elle existe et existera toujours, car elle est utile, indispensable même et ne saurait être rendue responsable du mal qu'on peut commettre sous son nom ou par son entremise.

C'est bien la même chose s'il s'agit d'une obligation hypothécaire au porteur, puisque, en somme, c'est un titre comme les autres.

Et à côté de ces dangers, plus fictifs que réels, quels immenses avantages on peut obtenir ; quel élan donné à la propriété foncière en général et rurale en particulier. L'agriculteur, sûr de ne pas rester en plan, faute de crédit, ou ce qui revient au même, sans avoir à redouter les charges écrasantes d'emprunts onéreux, n'hésitera plus à se lancer dans la voie du progrès et des améliorations (1). Le capitaliste aussi y trouvera son compte ; au lieu de mettre en portefeuille des valeurs véreuses, il aura un titre sûr, dont il pourra néanmoins se défaire facilement à toute date, et sans avoir à subir de perte. Il devra y avoir d'autant plus de confiance que la Cour de cassation est depuis 1841 revenue à une plus saine appréciation des choses. Elle a en effet, ainsi que nous l'avons vu dans le paragraphe précédent, par son arrêt du 3 décembre 1889, consacré la validité des hypothécaires au porteur.

Tant pis maintenant si les capitalistes, ayant désormais à leur disposition des titres constituant pour eux un placement que nous avons qualifié plus haut d'idéal, se trouvent (qu'on nous passe l'expression)

---

(1) E. Besson. *Les livres fonciers et la réforme hypothécaire,* p. 3.

étrillés pour avoir préféré des valeurs reposant, en guise de gage hypothécaire, sur des brouillards aussi fugitifs que cosmopolites. S'ils éprouvent des mécomptes, c'est qu'ils l'auront bien voulu.

Des esprits timorés diront, et cela s'est déjà dit, que le système des obligations hypothécaires au porteur est tout simplement un retour aux cédules imaginées par la Convention et dont nous avons parlé plus haut, et qu'elles sont comme elles destinées à avoir une fin lamentable.

L'objection n'est pas sérieuse, et la confusion qu'on voudrait établir entre les deux systèmes tombe d'elle-même quand on réfléchit un tant soit peu. Il ne faut pas confondre en effet l'immeuble qui est le gage avec la créance elle-même. Dans la cédule, c'était le sol lui-même qui était mobilisé, ici ce n'est pas cela, c'est la créance hypothécaire seule, c'est le crédit foncier en un mot qui sont rendus plus malléables. Maintenant, il y a par ce moyen, c'est vrai, un acheminement vers la mobilisation du sol lui-même; où donc serait le grand mal, après tout, si ce phénomène finissait par se produire par étapes successives et après avoir été mûrement préparé ; il n'y aurait alors plus de secousses ; cela arriverait tout seul et tout naturellement.

Or, ce n'était pas cela qui s'était produit pour les cédules ; on avait d'emblée, sans préparation aucune, introduit une réforme qui était le contre-pied absolu de ce qui avait existé jusqu'à présent ; on faisait table rase d'un passé de plusieurs siècles ; on courait, en procédant ainsi, à un échec inévitable et c'est ce qui a eu lieu (1).

(1) *Documents relatifs au régime hypothécaire*, t. I, p. xci et suiv.

Il faut bien reconnaître du reste que l'institution de l'obligation hypothécaire au porteur sera toujours imparfaite, au point de vue surtout de la circulation des titres, tant qu'on n'aura pas simplifié les moyens de vérification de la validité des hypothèques. L'inscription et la publicité des hypothèques a lieu chez nous sous le nom des personnes et non par la désignation des immeubles. Or, en matière hypothécaire, qui doit surtout ? C'est plutôt l'immeuble que l'emprunteur. Que ce dernier se trouve changé pour une raison quelconque, que l'immeuble de son côté passe en d'autres mains, voilà les cartes brouillées ; il va falloir se livrer à des recherches longues, parfois coûteuses, toujours incertaines. Tandis que si l'immeuble seul figurait sur les registres, on connaîtrait immédiatement sa valeur hypothécaire, car le bilan des charges qui le grèvent ressortirait clair et précis (1). C'est ce qui se passe dans d'autres pays, en Allemagne, par exemple, avec le système de l'*immatriculation* ou des *Livres fonciers*.

En attendant et malgré ces entraves, qui finiront assurément par disparaître, les obligations hypothécaires au porteur n'en constituent pas moins dès maintenant, au point de vue économique, une ressource précieuse pour l'agriculture, l'industrie et le commerce. Nous allons en dire quelques mots.

---

(1) E. Besson. *Les livres fonciers et la réforme hypothécaire*, p. 168-171. Cet auteur signale d'une façon complète et détaillée les imperfections et les inconvénients de notre système actuel de publicité en matière immobilière et hypothécaire.

§ 4. — L'obligation hypothécaire au porteur et le développement agricole, industriel et commercial.

Notre institution, avons-nous dit, touche aux principales branches de l'activité économique : elle intéresse l'agriculture, l'industrie et le commerce.

Elle permettra tout d'abord à l'agriculteur de trouver le crédit dont il a tant besoin.

Le commerce et l'industrie en jouissent, eux, depuis longtemps ; aussi les capitaux se sont accumulés en leur faveur ; de là leur perfectionnement et leur développement.

Il n'en a pas été de même pour l'agriculture ; elle est demeurée en dehors de l'influence bienfaisante du crédit et traitée en véritable paria : privée de crédit, elle est privée de capitaux. Aussi, n'a-t-elle pas pu se tenir au courant des progrès de l'industrie et du commerce ; alors que ces derniers n'ont plus que des améliorations à poursuivre, elle, au contraire, a tout à faire ou à peu près (1).

Ce résultat est aussi triste qu'anormal. Le commerçant et l'industriel trouvent du crédit, alors qu'ils n'ont souvent que très peu de garanties à offrir et à procurer à leurs créanciers. Ils ont leur signature ou des marchandises, objets, meubles, qui peuvent disparaître facilement.

L'agriculteur, le propriétaire foncier, qui lui, au contraire, peut donner l'hypothèque, qui est assuré-

(1) Victor Belin. *Du crédit agricole mobilier,* thèse, Paris, 1890, p. 7.

ment la meilleure des garanties, a peu ou difficilement du crédit.

On voit donc, chose curieuse, celui qui peut offrir le plus de sûretés rencontrer le moins d'avances.

Ainsi que l'a remarqué un savant économiste, il y a en France une dissonance singulière. En effet, bien que le vieil adage soit toujours vrai : *plus est cautionis in re quam in personâ,* on voit cependant, par une étrange aberration, le contraire se produire ; l'engagement *personnel* obtient des conditions moins onéreuses que l'engagement *territorial* (1).

La situation de l'agriculteur, qui se trouvait déjà dans un état d'infériorité bien marqué, est devenue bien précaire depuis une dizaine d'années.

Depuis lors, les autres branches de la production sont entrées, elles aussi, dans un état de malaise profond, mais elles disposent de moyens de défense et de transformation que n'a pas l'agriculture ; aussi cette dernière a-t-elle supporté sans atténuation l'effet du nouvel état de choses qu'on appelle *le protectionisme.*

Les tarifs douaniers qui devaient permettre aux produits agricoles français de soutenir en France la concurrence des produits étrangers arrivant sur notre marché, ont amené, malgré la bonne volonté et le désir de bien faire de leurs auteurs, un résultat sinon inverse, tout au moins insignifiant et presque stérile au regard de ce qu'on avait espéré et attendu.

Qu'est-il arrivé en effet ? On a dit : puisque maintenant l'agriculture est protégée et à l'abri de la concur-

(1) *Dictionnaire de l'économie politique,* article de M. Wolowski, V° *Crédit foncier.*

rence étrangère, plus besoin de nous occuper d'elle, et le crédit qui autrement eût été tout disposé à l'aider s'est retiré ou du moins n'est pas venu.

Le crédit agricole, qui eût pu naître à cette époque, est encore à créer (1).

Il est donc de toute nécessité d'attirer les capitaux vers la terre et l'obligation hypothécaire au porteur y contribuera plus que n'importe quoi. Elle serait le meilleur mode d'application du crédit à l'agriculture et lui procurerait une existence qui lui manque.

On parle bien du Crédit Foncier de France; sans vouloir critiquer cet important établissement, on peut cependant dire qu'il n'a pas rendu ce qu'on attendait de lui. On lui avait cependant fait la place bien belle. Pour lui, on avait créé de véritables privilèges et donné des entorses à notre Code civil; c'est ainsi que la péremption décennale des inscriptions hypothécaires n'existe pas à son égard, et qu'il peut purger bien que simple prêteur.

L'effet utile qu'on était en droit d'attendre de cet établissement, au profit de la propriété foncière et surtout rurale, a-t-il répondu aux sacrifices faits; il est permis d'en douter.

Les capitaux énormes drainés par cette Société ont souvent et malheureusement pris une tout autre direction que celle qu'ils auraient normalement dû prendre, et même pour ceux qui n'ont pas été détournés de leur véritable destination, la répartition n'a pas été équitable; la propriété foncière bâtie a eu toutes les faveurs, au détriment de la propriété rurale et fon-

(1) Victor Belin. *Du crédit agricole mobilier*, thèse, Paris, 1890, p. 7 et 8.

cière. Après tout, il ne faut peut-être pas trop plain-
dre cette dernière d'avoir eu si peu de place à la
table ; car cette place coûte cher, quand on va au fond
des choses et qu'on additionne le total des nombreuses
conditions à remplir avant de pouvoir s'asseoir à cette
table.

Mais il ne nous appartient pas de faire ici la critique
de ce puissant établissement.

Nous pouvons cependant dire et faire remarquer
que les obligations hypothécaires par lui émises n'ont
rien de commun avec les obligations hypothécaires
au porteur dont nous faisons en ce moment l'étude.

Le porteur des premières, bien qu'elles reposent
au fond sur un gage réel, n'a cependant contre la
Société qu'un titre de créance purement chirographaire (nous reviendrons plus tard sur ce point intéressant).

Tandis que le porteur des secondes a, lui, véritablement une sûreté réelle. Son titre tient ce qu'il pro-
met ; il s'appelle hypothécaire et il l'est effectivement ;
l'autre titre, celui émis par le Crédit Foncier, n'a que
l'étiquette, mais non la chose même.

Ces observations sont bonnes et utiles à faire en
passant, car combien de gens se figurent le contraire
et vivent ainsi dans une illusion qu'ils prennent pour
une réalité.

L'obligation hypothécaire au porteur est évidemment le titre de crédit qui convient par excellence à
l'agriculture, car les sécurités et les facilités qu'il
donne permettent d'obtenir un taux d'intérêt tout à
fait réduit ; de plus, le créancier voyant son prêt
bien garanti ne sera pas pressé d'en réclamer le
remboursement ; il sera le premier à en reculer

l'époque. L'emprunteur n'étant pas travaillé et talonné par le souci d'un paiement à faire à courte échéance et se sentant ainsi les coudées franches, n'hésitera plus à faire lui-même des avances à la terre, sous forme d'amélioration et de travaux souvent coûteux. Il sait que ces avances, il les retrouvera plus tard, car la terre rend lentement, il est vrai, mais sûrement ce qu'on lui confie ; mais qu'est-ce que cela lui fait, s'il a le temps devant lui, il ira de l'avant (1).

Ce que nous venons de dire de l'agriculture s'applique avec non moins d'à-propos aux mines, car là aussi il faut, comme pour la terre, semer longtemps avant de récolter.

On le voit, au moyen de notre institution, tout particulier, toute société qui possède un actif immobilier, peut facilement en tirer profit et s'en faire un sûr et rapide instrument de crédit, qui lui permettra de vivre d'abord et de se développer ensuite.

Il y a une classe d'entreprises qui, plus que toute autre, aurait besoin de l'appui du crédit immobilier : ce sont les entreprises de chemins de fer. L'absence de garanties réelles en cette matière a donné lieu à une double conséquence regrettable.

Tout d'abord, on s'est trouvé en présence d'une fraude qui a été assez souvent commise. Voici comment on procédait : des spéculateurs, devenus concessionnaires de lignes riches et pleines d'avenir, lançaient pour leur construction des emprunts qui réussissaient à merveille ; mais au lieu d'employer à leur véritable destination les capitaux ainsi recueillis, ils les appliquaient à la construction d'autres lignes beaucoup

(1) *Dictionnaire de l'économie politique*, V° *Crédit foncier.*

moins productives, qu'ils se faisaient concéder ultérieurement (tout spéculateur est insatiable). Quand
les premières sommes étaient épuisées, on émettait
de nouveaux emprunts, et les premiers obligataires
devaient subir le concours des nouveaux créanciers
sur les bénéfices des premières lignes (1).

Il est clair que si les premiers obligataires avaient
eu une sûreté réelle, ils n'auraient pas été ainsi à la
merci des spéculateurs trop peu scrupuleux. La survenance de nouveaux obligataires était au regard des
anciens une véritable fraude.

Tout le monde (je parle des créanciers bien entendu)
y perdait, aussi bien les derniers souscripteurs que
les premiers ; seul le spéculateur triomphait.

L'existence d'une hypothèque, première en rang,
aurait été au contraire, en même temps qu'une garantie
pour les uns, un avertissement pour les moins clairvoyants des autres.

D'autre part, les petites compagnies, celles par
exemple qui construisent des lignes d'intérêt local
peu importantes, sont réduites pour ainsi dire à l'état
de mendicité, car leur actif immobilier ne pouvant
être hypothéqué par elles, ainsi que nous le verrons
plus loin, cet actif devient entre leurs mains un instrument inutile, dispendieux et encombrant. Comme
elles n'ont pas la ressource de pouvoir s'adresser au
public pour emprunter, faute d'un gage à lui offrir,
elles vont frapper à la porte de l'État, pour obtenir de
lui une subvention. Ce mode de procéder est fâcheux à
tout point de vue, aussi bien politique qu'économique ;

(1) Stéphane Moulin. *Études sur l'hypothèque des chemins de
fer*, thèse, Paris, 1892, p. 7.

il énerve l'initiative privée, en conduisant à ce qu'on a appelé le *Socialisme d'État;* de plus, il est une cause de favoritisme et de gaspillage.

Tout cela n'existerait pas, si on laissait les compagnies de chemins de fer maîtresses chez elles et libres de tirer de leurs immeubles le crédit dont elles peuvent avoir besoin (1).

Mais il n'en est pas ainsi chez nous, car les voies de chemin de fer sont considérées comme faisant partie du domaine public; elles ne peuvent par suite être hypothéquées. Quant aux droits de la compagnie concessionnaire sur la voie, admettant que ce soit un droit réel, il aurait un caractère tout particulier et *sui generis,* qu'il serait impossible de faire rentrer dans l'énumération limitative de l'article 2118 du Code civil.

Nous verrons plus loin que plusieurs législations étrangères ont, contrairement à notre législation, admis l'hypothèque sur les lignes de chemin de fer.

§ 5. — Transition.

La conclusion des considérations économiques que nous venons de passer en revue est que notre combinaison est réellement bonne, sinon parfaite, et cela arrivera lorsqu'on aura réformé notre système hypothécaire et foncier.

Voyons maintenant si certaines législations étrangères n'ont pas déjà atteint cette perfection réclamée.

(1) *Id.*, p. 15.

CHAPITRE III

LÉGISLATION COMPARÉE.

———

L'obligation hypothécaire au porteur est consacrée par plusieurs législations étrangères; elle l'est soit d'une façon générale, soit par des lois particulières.

§ 1ᵉʳ. — Les obligations hypothécaires au porteur en général.

Ce sont les législations germaniques qui fournissent tout d'abord les documents les plus intéressants. Depuis longtemps elles se sont occupées d'une bonne organisation du régime hypothécaire et du crédit foncier. La publicité des registres hypothécaires remonte, en Prusse, aux origines de la monarchie. Elle a existé en effet avec des fortunes diverses depuis 1704 (1).

De nos jours, une réforme capitale a été opérée. Au cours du XIXᵉ siècle, à la suite d'incidents législatifs, dont nous n'avons pas à retracer les phases ici, un nouveau régime hypothécaire a été établi par les lois

(1) Sur ce point, voir un intéressant article de M. Paul Gide, dans l'*Annuaire de législation étrangère*, 1872, p. 208 et suiv.

du 5 mai 1872. L'esprit général est de subvenir au crédit foncier et d'encourager les prêts hypothécaires.

Ce double but est atteint de la façon suivante :

Tout d'abord, les lois de 1872 rendent la propriété véritablement publique; elles établissent les *registres fonciers* et *l'immatriculation*. Celui-là est considéré comme propriétaire qui est inscrit comme tel sur ces registres publics. Nous n'avons pas à nous occuper de ce premier point.

Ensuite, elles rendent l'hypothèque indépendante de la créance.

Cette innovation hardie, rappelant les cédules et l'hypothèque sur soi-même du décret de messidor an III, avait déjà été appréciée en France par M. Gérardin, alors qu'elle n'était encore qu'en projet.

Le projet proposé, disait l'éminent professeur, en parlant de ces lois prussiennes, a pour but de rendre l'hypothèque, à certains égards, un droit indépendant, principal, analogue à une servitude qui gréverait l'immeuble; de l'affranchir, dans les limites du possible, de sa liaison avec l'obligation personnelle; de la mobiliser, suivant l'expression employée en France. Sans doute, envisagée dans son but final, l'hypothèque ne peut être et ne sera jamais qu'un droit accessoire, une sûreté destinée à garantir le paiement d'une créance ; l'hypothèque ne peut pas, sans changer de caractère et de nom, avoir une autre affectation. En ce sens, elle dépendra toujours d'une créance. Le projet ne pouvait pas méconnaître ce point de vue, et il en a déduit les conséquences nécessaires, en décidant notamment que, pour soustraire le débiteur au danger de payer deux fois, la créance garantie par une hypothèque ne peut être cédée qu'avec l'hypothèque, et que si l'hypothèque est cédée sans la créance, celle-ci s'éteint (1).

Les lois prussiennes contiennent des dispositions qui sont bonnes et d'autres qui le sont moins.

La partie bonne comprend une certaine rapidité dans la circulation du titre hypothécaire.

La première loi, celle du 5 mai 1872, parle, dans son article 18, de l'hypothèque et de la dette foncière, *Grundschuld*.

Il y a là, pour le législateur prussien, deux choses distinctes ; il établit en d'autres termes deux sortes d'hypothèques :

1° Une hypothèque ordinaire, accessoire d'une obligation personnelle : c'est notre hypothèque française ;

2° Une hypothèque existant indépendamment de toute obligation personnelle, et qu'on a distinguée de la précédente en lui donnant un nom nouveau : *Grundschuld, dette foncière.*

Cette dernière est en dehors de notre sujet. Elle n'est que la reproduction pure et simple de l'hypothèque sur soi-même, de messidor an III. Nous avons à en parler seulement pour montrer les différences qui existent entre cette *dette foncière* et l'obligation hypothécaire au porteur que nous étudions.

La différence fondamentale était indiquée dans les travaux préparatoires. L'hypothèque n'étant que l'accessoire d'une créance, dépend de la validité de cette créance, au lieu que la *Grundschuld* existe et vaut par elle-même. Elle ressemble à la lettre de change ; le

(1) *Bulletin de la Société de législation comparée*, 1er vol., année 1870, p. 30.

débiteur qui la constitue renonce par cela même aux exceptions qu'il aurait pu opposer au créancier. D'autre part, le créancier qui l'accepte sera souvent censé renoncer par là même à son action personnelle, comme s'il recevait une *datio in solutum* (Rapport à la Chambre des Seigneurs) (1).

M. Paul Gide ajoute quelques détails à cet égard :

Toute dette chez nous est personnelle, ce qui signifie, dit-il, qu'elle affecte non pas la personne elle-même, puisque la contrainte par corps n'existe plus, mais l'ensemble du patrimoine.

Or, ne pourrions-nous pas convenir, quand je m'oblige envers vous, que votre créance affectera non pas l'ensemble de mon patrimoine, mais uniquement tel ou tel fonds qui m'appartient ? En ce cas, la dette suivrait le fonds entre les mains du successeur à titre particulier, de même que la dette personnelle suit le patrimoine, lorsqu'il passe à des successeurs universels. En un mot, la dette grèverait non plus un patrimoine, mais un fonds ; elle serait non plus personnelle, mais foncière. On voit par là quelle est la différence entre la dette foncière et la dette hypothécaire. Le créancier hypothécaire a deux droits, sa créance personnelle et son droit réel d'hypothèque, qui n'est lui-même que l'accessoire du droit personnel. Au contraire, la dette foncière n'est l'accessoire d'aucune dette personnelle ; elle existe *per se,* à peu près comme notre ancienne rente foncière, dont elle ne diffère qu'en ce qu'elle est remboursable et exigible, au lieu que la rente foncière ne l'était pas.

(1) Ces documents sont cités par M. Paul Gide, dans l'*Annuaire de législation étrangère,* 1872, p. 22 :.

Cette combinaison ne nous semblerait pas actuellement valable en droit français. Sans doute, un débiteur peut restreindre le droit de son créancier à tel bien déterminé. Par exemple, l'acheteur d'un immeuble stipule que le prix d'achat ne sera pas payable sur tout son patrimoine, mais qu'il sera dû uniquement par l'immeuble ; cette clause est licite, mais est-ce à dire qu'elle constitue une dette foncière analogue à celle de la loi prussienne ? Il faut répondre non. En droit français, toute dette suppose une obligation de la personne, de sorte que, dans l'exemple cité, il y aura une *dette personnelle, mais dont l'exécution est restreinte à un seul objet.*

L'intérêt à le dire est que, si l'immeuble est revendu par l'acheteur, le vendeur primitif aura bien l'action réelle contre les tiers en vertu de son privilège, mais il aura aussi une action personnelle contre son acheteur pour se faire payer sur le prix de l'immeuble (1).

Revenons à la loi prussienne.

Quand la dette foncière est inscrite au livre foncier, le conservateur délivre au propriétaire un titre, *Grundschuldbrief,* qui n'est autre que l'inscription détachée du registre et transformée en un effet négociable. Cette *lettre foncière* se négocie comme une lettre de change, par endossement. Il lui est absolument interdit de revêtir la forme au porteur, et pourtant, elle s'en rapproche en ce que l'endossement en blanc est permis et que la désignation du créancier primitif, bien qu'indispensable, peut être en quelque

______

(1) Sur cette hypothèse de l'action du créancier restreinte à certains biens ou à un seul bien du débiteur, v. Mourlon : *Examen critique du commentaire de M. Troplong sur les privilèges,* chap. Ier.

sorte fictive, puisque d'après l'article 27 de la première
loi du 5 mai 1872, le propriétaire peut faire rédiger
la lettre à son nom et à son ordre et la transmettre en
cette forme par endossement en blanc. Cet article 27
annihile en partie l'intention du législateur prussien,
annoncée dans les travaux préparatoires (1) de retirer
à l'hypothèque ou dette foncière le caractère d'un
titre au porteur. Cette interdiction de la mise au porteur, facile à tourner, n'est donc qu'une entrave appa-
rente et inutile de la loi prussienne.

Cette double forme d'hypothèque qui, comme le
remarque encore M. Gide, peut amener des complications dans la pratique, n'existait pas dans le projet
primitif. Il déclarait que *toute* hypothèque était indépendante de l'obligation personnelle. Mais ceci parut
trop radical ; par une sorte de transaction, on conserva
l'ancien système à côté du nouveau, et on laissa au
débiteur le choix entre les deux formes d'hypothèque.

Nous venons de faire, à propos de la forme au porteur,
une critique à la loi prussienne. Une autre disposition
fournit l'occasion d'en faire une plus grave encore.

Il s'agit de l'article 52 de la première loi du
5 mai 1872, ainsi conçu :

« L'hypothèque ne pourra être cédée que conjoin-
tement avec l'obligation personnelle qu'elle garantit.

« La dette foncière, fût-elle établie pour sûreté
d'une obligation personnelle, pourra être cédée sans
cette obligation, mais en ce cas, cette obligation
s'éteindra. »

M. Gide donne quelques explications sur ce texte,

(1) *Annuaire de législation étrangère*, 1872, p. 223, note 1, et
p. 233, note 1.

qui en a vraiment besoin. Un débiteur, qui a une dette personnelle, peut donner à son créancier comme garantie, non seulement une hypothèque proprement dite, mais encore une dette foncière. Même en ce cas, cette dette foncière conserve son caractère distinctif. Bien qu'établie pour sûreté d'une dette personnelle, elle est indépendante de cette dette. Le bon foncier et le titre de l'obligation sont, matériellement et juridiquement, séparés l'un de l'autre. Ils peuvent donc être cédés séparément. Mais alors, s'ils entrent dans des mains différentes, le débiteur pourrait être poursuivi deux fois : par l'action personnelle et par l'action hypothécaire, il serait exposé à un double paiement.

L'article 52, 2°, évite ce danger.

On peut dire en d'autres termes, conclut M. Gide, que l'obligation personnelle devient une dépendance de la dette foncière une fois celle-ci constituée, et qu'elle tombe dès que la dette foncière cesse de la soutenir. Il s'ensuit que, lorsque l'obligation personnelle est éteinte, le porteur du bon foncier peut néanmoins toujours obtenir sur l'immeuble le paiement de cette dette foncière.

C'est absolument l'inverse de ce qui a lieu chez nous, où l'hypothèque est l'accessoire de la créance ; ici, au contraire, c'est la créance qui est l'accessoire et la dette foncière le principal (1).

C'est seulement en matière commerciale qu'on pourrait trouver chez nous quelque chose d'analogue à cette organisation de la loi prussienne, de la division et de l'existence séparée du titre de la créance et du bon foncier : nous voulons parler du récépissé et du

______

(1) *Annuaire de législation étrangère*, p. 232, note 1.

warrant délivrés par les magasins généraux en cas de
dépôt de marchandises. Le premier est le titre de
propriété du déposant, le second est le titre de gage ;
le déposant peut les transférer par voie d'endossement, soit ensemble, soit séparément (articles 1 à 3, loi
du 28 mai 1858), en sorte que ces deux titres pourront
à un moment donné se trouver, comme dans le
système prussien, en des mains différentes; il n'y a
là qu'une simple remarque faite en passant, et sans
recherche plus complète, entre les analogies et les
différences.

Revenons à l'étude de notre loi prussienne.

On ne voit pas bien l'avantage de ce renversement
de tous les principes admis jusqu'ici en matière hypothécaire; par contre, les inconvénients sont notoires.
M. Gide en signale deux.

Il fait remarquer que la loi prussienne n'exige pas
que le titre de l'obligation personnelle mentionne la
dette foncière qui en est la garantie. Par suite, il est
impossible de distinguer, ou tout au moins de con-
trôler, la dette garantie par bon foncier de celle qui ne
l'est pas.

De là un double danger :

1° Danger pour le débiteur qui, poursuivi par l'action personnelle, ne pourra prouver que la dette est
garantie par un bon foncier, et par suite, ne pourra
bénéficier de l'article 52.

2° Danger pour le créancier, qui ne trouvera pas à céder
son titre de créance personnelle, car l'acquéreur crain-
dra toujours de voir apparaître un bon foncier et de
se voir à son tour appliquer l'article 52 (1).

(1) *Id.*

De sorte que la loi prussienne, qui avait la prétention d'organiser le crédit d'une façon satisfaisante et même parfaite, a en somme créé une institution peu pratique et même pleine de dangers ; aussi, ce n'est pas elle que nous prendrons comme type de nos desiderata.

Cependant, il faut bien reconnaître que cette loi a résolu à sa façon le problème de la mobilisation du crédit foncier. Tout détenteur du bon foncier a entre les mains tout ou partie de la valeur de l'immeuble auquel il s'applique. « En mobilisant le bon foncier, la loi prussienne a mobilisé la propriété foncière », dit M. Gide.

C'est absolument vrai, mais ce n'est pas là le système de l'obligation hypothécaire au porteur qui, elle, mobilise, non pas la propriété foncière, mais seulement la créance hypothécaire.

L'un des avantages de cette loi, disait en 1870 M. Gérardin, en parlant de la loi présentement analysée, serait qu'on pût réellement faire du bon hypothécaire ou foncier une valeur de spéculation négociable à la Bourse et transmissible comme les autres valeurs de Bourse. Mais pour cela, il faudrait qu'il pût revêtir la forme de titre au porteur ; or, la législation prussienne interdit aux particuliers l'émission de titres au porteur.

Il ne reste plus alors que la forme nominative et la forme à ordre beaucoup moins propice que la première à la prompte et facile négociation des valeurs ; partant, le but cherché est manqué (1).

(1) *Bulletin de la Société de législation comparée*, 1er vol., année 1870, p. 30 et suiv.

Malgré ces réelles imperfections, le projet de Code civil allemand, qui a pour objet d'établir une législation civile uniforme par tout l'Empire, a reproduit à cet égard les dispositions de la loi prussienne.

Le projet reconnaît :

1° L'hypothèque *sans lettre hypothécaire,* qui correspond à notre hypothèque ordinaire ;

2° L'hypothèque *avec lettrè hypothécaire,* qui est l'hypothèque négociable.

3° *Le bon foncier,* qui est l'hypothèque existant indépendamment de toute créance, c'est « l'hypothèque abstraite ».

L'hypothèque sur soi-même est également consacrée (1).

Toutes les critiques faites ci-dessus contre la loi prussienne subsistent contre ce projet de Code civil.

Il existe encore en Allemagne une autre institution que nous devons signaler :

C'est celle des *Pfandbriefen;* sortes de lettres de gage ou d'obligations au porteur, mais qu'il ne faut pas confondre avec notre obligation au porteur.

Elles remontent à l'année 1769. Un négociant de Berlin obtint à cette époque l'autorisation de Frédéric le Grand, de créer une association de propriétaires territoriaux, dans le but d'émettre des *Pfandbriefen,* ou obligations au porteur, munies d'une hypothèque sur les fonds réunis de ces propriétaires. Les titres étaient remis aux associés, qui se chargeaient de les négocier eux-mêmes.

---

(1) Pour plus de détails, v. Raoul de la Grasserie : *Projet de Code civil allemand,* p. 226 et suiv., 237 et suiv., et introduction, p. xxxvii.

Ces lettres de gage prirent un grand développement dans toute l'Allemagne, et aujourd'hui encore, elles sont pratiquées. Elles existent d'ailleurs en Autriche, en Suisse, en Hollande, en Italie (1).

Les sociétés d'emprunteurs qui les émettent affectent en général un immeuble déterminé à chaque obligation. Ces titres diffèrent ainsi d'une manière capitale des obligations hypothécaires au porteur émises en France, où la masse des obligataires a indivisement une hypothèque sur la masse des immeubles. Ce système peut avoir des avantages, mais nous pensons que les inconvénients dominent; le seul avantage serait de préciser et pour ainsi dire d'individualiser le gage, mais c'est là même un danger, car, dans de semblables opérations, au groupement des gages affectés doit correspondre le groupement des créanciers, qui peuvent avoir des droits sur ces gages.

On voit que les *Pfandbriefen* se rapprochent beaucoup des cédules hypothécaires. Le paiement des titres au porteur émis par les sociétés de propriétaires fonciers est garanti par des hypothèques que les membres de la Société ont établies d'avance sur eux-mêmes.

On trouve des titres de ce genre en Prusse, en Wurtemberg, en Bavière, où les riches seigneurs fonciers en émettent, et même cette émission a lieu sans association préalable et à titre personnel, si celui qui les émet présente une surface suffisante.

Dans le grand-duché de Hesse, il existe une loi du

---

(1) Wahl. *Traité théorique et pratique des titres au porteur*, t. I, p. 208 et 209.

19 janvier 1859, sur les obligations hypothécaires au porteur.

En somme, l'Allemagne a donné une grande extension à tout ce qui touche de près ou de loin à la mobilisation des valeurs reposant sur le crédit foncier (1).

Une législation germanique est particulièrement intéressante : c'est la loi du duché de Brunswick, du 30 mars 1881, *sur les hypothèques à constituer pour la garantie des hypothèques au porteur.*

Elle touche directement à notre sujet. Elle s'occupe de la garantie hypothécaire qui peut être attachée à une obligation au porteur. Elle prend comme point de départ le droit commun, et en cela, on ne peut que l'approuver. Les obligataires doivent demander au gouvernement l'autorisation de prendre hypothèque, laquelle, dit l'article 2, « reste soumise à la procédure ordinaire des hypothèques, sous réserve de certaines modifications ».

L'inscription est prise au nom de syndics représentant la totalité des obligataires. Ce sont ces syndics qui agissent judiciairement et extra-judiciairement.

(1) M. Wahl prétend (*op. cit.*, t. I, p. 367, note 1) qu'en Prusse l'hypothèque *par titre à ordre* est interdite. La loi prussienne, dit-il, présente donc cette singularité, que l'hypothèque *par titre au porteur* y est admise, à l'exclusion de celle *par titre à ordre.* Nous ne savons ce que M. Wahl veut désigner, quand il parle de l'hypothèque *par titre* au porteur ou à ordre. Est-ce l'hypothèque garantissant une créance à ordre ou au porteur? Est-ce au contraire l'hypothèque créée seule et directement dans un acte constitutif à ordre ou au porteur? Dans tous les cas, il nous paraît inexact de dire que la loi prussienne ne connaît pas l'hypothèque à ordre, puisqu'on a vu au contraire que la loi de 1872 en consacre une application.

A la différence de la loi prussienne, la loi de Brunswick défend, dans son article 8, la cession de cette hypothèque. Ce qui est cessible, ce sont les obligations garanties.

La loi règle ensuite les pouvoirs et les fonctions des syndics.

Nous aurons à revenir, dans la partie critique de ce travail, sur les intelligentes dispositions de cette loi de Brunswick ; car elle peut inspirer plusieurs procédés pratiques dont il serait possible d'user avec le législation française (1).

L'obligation hypothécaire au porteur est également en usage en Autriche.

Là aussi, on a considéré que c'était une institution normale et destinée à rendre de grands services. Aussi, s'est-on efforcé d'en favoriser le développement. On a cherché surtout à rendre facile l'exercice des droits des obligataires.

A cet égard, une loi du 24 avril 1873, concernant la représentation commune des possesseurs de titres d'obligations au porteur ou à ordre, établit un ensemble de dispositions destinées à régler la manière de rendre publiques les hypothèques de cette nature et à protéger les obligataires.

Elle est divisée en deux parties.

Dans la première partie (art. 1 à 10), elle s'occupe de la représentation des obligataires. Elle porte qu'ils pourront se faire représenter, quand ils y auront intérêt, par un curateur commun, nommé par justice, et que ce curateur pourra aussi être nommé sur la demande des tiers, qui sans cette nomination pourraient être gênés dans l'exercice de leurs droits.

(1) *Annuaire de législation étrangère*, 1882, p. 265.

La seconde partie de la loi (art. 11 à 16) édicte un certain nombre de dérogations aux règles sur la publicité des hypothèques ordinaires, et en tant qu'elle s'applique aux hypothèques attachées aux titres d'obligations au porteur ou à ordre (1).

D'ailleurs, le gouvernement autrichien a lui-même très fréquemment usé des obligations hypothécaires au porteur.

C'est ainsi qu'il a émis, en 1884, des billets hypothécaires au porteur, donnant une hypothèque sur les salines de l'État (2).

En Hongrie, l'hypothèque est également possible pour les obligations au porteur émises en masse.

Elle est organisée par une loi de 1876.

L'État hongrois a émis, lui aussi, des titres hypothécaires au porteur, c'est le 5 %, hongrois, 1867, avec hypothèque sur les chemins de fer (3).

En Suède, la validité de l'obligation hypothécaire au porteur a été législativement proclamée.

Lorsqu'un billet, *Skuldebref,* expression qui correspond au mot allemand *Schuldbrief,* est à ordre ou au porteur, l'hypothèque participe de cette qualité et le suit entre les mains des tiers.

Il faut ajouter qu'elle est d'ailleurs indépendante de la créance garantie, en ce sens qu'elle subsiste à son rang, malgré le paiement de la créance garantie et peut revivre pour garantir une autre créance.

Ces règles sont fort anciennes, elles datent de 1734.

(1) Cette annalyse de la loi autrichienne est empruntée à l'*Annuaire de législation étrangère,* 1875, p. 235.
(2) Wahl. *Traité théorique et pratique des titres au porteur,* t. I, p. 368.
(3) Wahl. *Id.*

On voit qu'elles se rapprochent plus du droit allemand que du droit français (1).

Nous n'avons fait figurer dans cette rapide revue
que les législations étrangères les plus intéressantes et
touchant le plus près à notre sujet. Il y en a beaucoup d'autres qui mériteraient également d'être étudiées et citées, mais il faut savoir se limiter.

Ce que nous avons dit suffit néanmoins pour bien
montrer le mouvement général et irrésistible qui
entraîne les jurisconsultes de tous les pays vers la
mobilisation du crédit foncier.

La France serait seule à rester en arrière; c'est
inadmissible.

Ajoutons encore à notre énumération, qu'aux
États-Unis d'Amérique, la pratique des obligations
hypothécaires à ordre est courante (2).

Enfin un mot en passant sur les *Effets publics*
garantis par hypothèque.

Quand un État est suffisamment riche ou jouit d'un
crédit solide, comme chez nous, il se contente de faire
une émission de rentes. Si au contraire il ne peut pas
user de ce moyen, alors il émet des bons hypothécaires.

Ce système, nous l'avons vu plus haut, a été pratiqué par l'Autriche et la Hongrie; la Roumanie en a
également usé. Une loi de 1877 a autorisé le ministre
des Finances, dans ce pays, à émettre des billets hypo-

---

(1) Elles ont été consacrées à nouveau, par les lois hypothécaires suédoises de 1875. Ces lois importantes sont au nombre
de dix. L'analyse qui en est faite au texte est empruntée au
compte rendu de M. Dareste, dans l'*Annuaire de législation
étrangère*, 1875, p. 806.

(2) *Bulletin de la Société de législation comparée*, 1870, p. 38.

thécaires jusqu'à concurrence de 3o millions. Ces billets sont garantis jusqu'à leur complet paiement par une hypothèque en premier rang, inscrite sur des immeubles de l'État pour une valeur d'au moins 6o millions de francs, dit l'article 3 (1).

Une garantie hypothécaire donnée par un particulier ne peut que consolider son crédit; en est-il de même pour un État, c'est une question que nous nous contentons de poser sans la résoudre.

§ 2. — Les obligations au porteur avec hypothèque sur les chemins de fer à l'étranger.

Nous avons vu qu'en France l'hypothèque a été jusqu'à présent exclue des voies ferrées, et nous en avons indiqué le motif.

Il n'en est pas de même à l'étranger. Certains États ont pensé qu'il faut d'abord et avant tout protéger et défendre ceux qui, avec leurs capitaux, permettent aux compagnies de chemins de fer de s'établir et de se développer.

C'est la Hongrie qui, par la loi du 7 avril 1868, semble être entrée la première dans cette voie, en déterminant l'objet de l'hypothèque concédée aux obligataires de chemins de fer (2).

L'Autriche a suivi cet exemple. Une loi fort importante du 19 mai 1874 constitue un véritable code du crédit foncier des chemins de fer. Outre diverses dispositions étrangères à notre sujet, elle concède aux

(1) *Annuaire de législation étrangère*, 1878, p. 697.
(2) *Annuaire de législation étrangère*, 1875 p. 289.

créanciers des chemins de fer, porteurs d'obligations dites de priorité, une hypothèque qui prend rang suivant la date de son inscription et est primée seulement par certains créanciers privilégiés.

Mais, par unes ingularité que nous ne nous expliquons pas, cette hypothèque inscrite ne s'étend pas aux obligations au porteur. L'article 48 de la loi de 1874 parle seulement en effet « des titres d'obligations transmissibles par transfert ou endossement », c'est-à-dire nominatifs ou à ordre (1).

Le traducteur de ce document législatif donne comme motif que les formalités de l'inscription hypothécaire n'auraient pu être remplies pour des titres au porteur n'indiquant pas le nom de leurs détenteurs (2).

Ce raisonnement nous paraît peu juste; d'abord, parce que, ainsi que nous le verrons plus loin, il y a des moyens pour inscrire une hypothèque au profit d'obligataires au porteur, de plus, l'obligation hypothécaire au porteur existe en Autriche. On a vu au paragraphe précédent la mention d'une loi du 24 avril 1873, ayant précisément pour but d'organiser la représentation commune des possesseurs de titres au porteur et la manière de rendre publique leur hypothèque.

La disposition de l'article 48 de la loi autrichienne sur les chemins de fer doit s'expliquer pour un autre motif que nous ignorons, mais qu'on retrouverait très probablement en examinant les travaux préparatoires.

Au Brésil, un projet de loi assez ancien, il date de 1877, réglemente aussi le mécanisme de la garantie

(1) *Id.*, p. 301.
(2) *Id.*, p. 289.

réelle que les compagnies concessionnaires de chemins de fer peuvent offrir aux capitalistes.

D'après ce projet, ces compagnies ou sociétés anonymes seraient autorisées à hypothéquer (première hypothèque) la voie ferrée, le matériel, en un mot tout l'actif, y compris même les subventions de l'État et des provinces. Elles pourraient émettre des obligations (munies des privilèges des lettres hypothécaires) dans la proportion des deux tiers du prix fixé par kilomètre en exploitation et jamais par anticipation.

Le projet s'occupe ensuite de l'examen des droits des porteurs de titres.

Un syndic responsable civilement et criminellement, mais qui n'est pas un personnage officiel, stipule les clauses du prêt, surveille l'émission et représente les porteurs en justice (1).

En cas de non-remboursement, soit du capital, soit des intérêts, même d'une seule obligation, il est tenu de réclamer par les voies judiciaires l'administration ou l'expropriation du chemin de fer. Cette administration n'est que provisoire et n'a pour but que d'assurer le paiement des lettres de gage. En cas de vente, l'acquéreur est forcé d'assurer l'exploitation et reste subrogé dans tous les droits et charges de la société défaillante. S'il n'y a pas d'enchérisseur, tous les biens doivent être adjugés au syndic pour le compte des obligataires. C'est lui qui est chargé également d'exercer leurs droits extra-judiciairement.

Ces dispositions étaient dignes d'approbation et méritaient d'aboutir à une réalisation pratique. Mais nous

---

(1) Ces documents sont empruntés à l'*Annuaire de législation étrangère*, 1873, p. 833.

ne savons ce que le projet est devenu au milieu des vicissitudes qu'a traversées le Brésil dans ces dernières années.

Nous devons mentionner encore un projet inspiré toujours par cette idée, que si les compagnies de chemins de fer ne peuvent hypothéquer, elles manquent de crédit et par conséquent ne peuvent emprunter.

Il s'agit d'un projet présenté en Suède. Il rappelle dans ses grandes lignes le projet brésilien.

L'hypothèque sur les chemins de fer est également très employée en Espagne.

On sait que les obligations de chemins de fer espagnols, qui ont cours en France, ont pour la plupart un rang d'hypothèque, 1re, 2e..., 5e, et il est facile de constater, en jetant un coup d'œil sur une cote de la Bourse, que, à mesure que l'hypothèque tombe à un rang inférieur, la valeur du titre émis par la même ligne diminue en proportion (1).

On voit par là l'utilité qu'il y a pour une obligation d'être accompagnée d'une garantie hypothécaire.

____

(1) Par exemple, voici, d'après la cote du 12 septembre 1894, les cours de la Bourse de Paris pour certains chemins de fer espagnols :

Saragosse 1re hypothèque			288 50
» 2e »			278 »
» 3e »			250 »
Nord Espagne 1re hypothèque			282 »
» 2e »			249 »
» 3e »			230 »
» 4e »			217 25
» 5e »			216 »

Ces tableaux sont typiques, et mieux que tous les raisonnements, ils montrent d'un seul coup d'œil que les sûretés réelles attachées à une valeur suffisent à elles seules à établir son cours.

C'est en Suisse que, à notre avis, notre institution a été organisée de la façon la meilleure.

Une loi du 23 décembre 1872, concernant l'établissement et l'exploitation des chemins de fer sur le territoire suisse, avait réservé, pour en faire l'objet d'une loi spéciale, la question des hypothèques et de la liquidation forcée des entreprises de chemins de fer.

Ces deux points qui se touchent ont été réglés par la loi fédérale du 24 juin 1874.

Aux termes de cette loi, l'autorisation du Conseil fédéral est nécessaire pour la constitution d'hypothèques sur les chemins de fer dans le territoire de la Confédération suisse. Il est établi un registre hypothécaire spécial pour ces sortes d'hypothèques ; l'organisation et la tenue de ce registre ont été réglées d'une façon détaillée par des actes du Conseil fédéral.

Les créanciers hypothécaires peuvent se grouper pour la sauvegarde de leurs droits. Quelquefois, ils sont convoqués en assemblée générale.

Il y avait un point particulier à fixer.

Les chemins de fer constituent un service public, et il fallait de toute nécessité que des particuliers ne pussent pas venir troubler leur fonctionnement.

Aussi les créanciers hypothécaires n'ont pas le droit d'entraver l'exploitation de la ligne. Ils peuvent seulement s'adresser au Tribunal fédéral, qui joue alors le rôle de Tribunal à la fois administratif et judiciaire. C'est lui qui reçoit et examine par exemple les demandes de liquidation forcée, émanées des obligataires. Comme il faut bien organiser une représentation commune de leurs intérêts, le Tribunal fédéral nomme à cet effet un liquidateur (1).

(1) Voir le texte complet de cette loi dans l'*Annuaire de législation étrangère*, 1875, p. 481.

On voit que les législations étrangères n'ont pas craint d'aborder et de régler cette grave question de l'hypothèque sur les chemins de fer. Elles ne sont pas buttées et arrêtées comme nous devant cette arche sainte qu'on appelle *le domaine public*.

Elles ont tranché la question d'une façon beaucoup plus simple, plus profitable, plus équitable, en un mot plus humaine ; les arguments d'école les ont peu touchées. Elles ont vu dans les porteurs d'obligations des gens vraiment dignes d'intérêt, puisque en somme c'étaient eux les créateurs du chemin de fer, et sans aller chercher plus loin, ni ergoter sur la nature de ce nouveau droit de propriété qu'on appelle la voie ferrée, elles ont accordé à ces souscripteurs et fournisseurs de capitaux, tous créanciers sérieux, un gage hypothécaire sur les chemins de fer, qui au fond était leur œuvre.

On a fait moins de science et de meilleure besogne.

Si jamais nous en faisons autant en France, nous pourrons avec profit et sans que notre amour-propre en soit blessé, consulter cette loi suisse dont nous venons de parler. Elle s'applique aux obligations au porteur comme aux autres ; elle est simple et fort ingénieuse dans tout son fonctionnement.

§ 3. — Transition.

L'examen que nous venons de faire des législations étrangères, bien que rapide et superficiel, permet de voir qu'il y a chez elles des côtés bien intéressants à étudier sur le sujet qui nous occupe.

Nous avons ainsi parcouru le domaine des considérations, au triple point de vue : *historique, économique et du droit comparé.* Il en résulte que l'utilité de l'obligation hypothécaire au porteur se trouve partout pleinement justifiée.

Il nous reste maintenant à établir son fondement et son mécanisme, *au point de vue positif* du droit français actuellement en vigueur.

C'est là l'objet de la seconde partie de cette étude.

DEUXIÈME PARTIE

VALIDITÉ ET FONCTIONNEMENT DE L'OBLIGATION HYPOTHÉCAIRE AU PORTEUR

CHAPITRE PREMIER

EXPOSÉ GÉNÉRAL DE LA THÉORIE DE L'OBLIGATION HYPOTHÉCAIRE AU PORTEUR. INDICATION DE L'HYPOTHÈSE PRÉVUE.

Une personne, individu, société, ville, département, etc., emprunte et crée en même temps une ou plusieurs obligations au porteur, dont il cautionne et garantit le remboursement par une hypothèque, qu'il constitue à cet effet sur ses immeubles : telle est l'opération juridique que nous avons en vue et que nous allons étudier.

Notre terrain a déjà été bien délimité ; pour le mieux faire encore, nous rappelons que nous laissons de côté les cédules et l'hypothèque sur soi-même de la loi de messidor an III.

Nous n'aborderons pas non plus la combinaison qui consisterait à créer une hypothèque au porteur sans créance accessoire et qui serait quelque chose comme le *bon foncier* que nous avons eu l'occasion d'étudier plus haut en parlant des législations germaniques. Une semblable hypothèque, dans l'état actuel de notre législation, n'aurait aucune valeur juridique chez nous ; elle constituerait un droit réel nouveau, non prévu par le Code civil et par suite illégal (1).

On a bien, à plusieurs reprises, proposé au Parlement de créer des bons ou billets hypothécaires qui auraient une existence propre, mais jusqu'à présent cela a toujours été repoussé (2).

Il y a encore d'autres combinaisons qui resteront étrangères à notre étude. Ainsi, il y a l'*hypothèque au porteur*.

Ce n'est pas le bon foncier dont nous venons de parler et ce n'est pas non plus l'obligation hypothécaire au porteur.

Cette hypothèque au porteur, créée en dehors et

---

(1) En ce sens Wahl : *Traité théorique et pratique des titres au porteur,* t. I, p. 369.

(2) Sans parler de la loi de messidor an III, dont il a été plus haut fait mention, il fut question, en 1848, pour subvenir aux embarras de la propriété immobilière, de créer des *bons hypothécaires* jusqu'à concurrence de 6 milliards, avec cours forcé. On restreignit ensuite la proposition à 2 milliards, et finalement cela aboutit à l'institution du Crédit Foncier. En 1883, M. Fleury déposa à la Chambre un projet de loi tendant à autoriser la création de billets hypothécaires.

indépendamment d'une créance, serait une espèce de réserve de crédit, fonctionnant seule et pouvant être rapidement et économiquement transmise d'une créance à une autre. Elle permettrait notamment à un créancier qui l'a entre les mains, d'en user comme d'un moyen de crédit et de la céder à son propre créancier, sans avoir à rechercher à quoi se rattache cette hypothèque, ni pour quelle dette elle a pu être créée. Elle aurait sa vie propre et serait susceptible de se greffer indifféremment sur toute créance (1). Ce serait en somme le fonctionnement de l'hypothèque sur soi-même appliqué à toute créance qu'on voudrait corroborer par ce moyen.

Nous laissons ce cas de côté, pour en revenir au système de l'hypothèque liée à la créance et jouant le rôle d'accessoire.

Cela ne veut évidemment pas dire que l'un ne puisse pas naître indépendamment de l'autre. Il est parfaitement licite de constituer dès maintenant une hypothèque, en prévision d'une créance qui n'existe pas encore et qui n'est qu'à l'état latent; de même à l'inverse, on peut, après la naissance d'une créance et par un acte postérieur, la garantir par une hypothèque. Il n'y en aura pas moins un lien entre elles, qui aura pour effet de rattacher l'hypothèque à la créance et d'en faire son accessoire.

Chez nous, l'*hypothèque indépendante* n'existe, pas ou tout au moins n'a aucun caractère de validité juridique.

Il est intéressant de rappeler à titre de souvenir la

____

(1) A. Gillard. *La constitution de l'hypothèque conventionnelle*, p. 416, n° 223.

loi du duché de Brunswick du 30 mars 1881, dont nous avons parlé ci-dessus ; son article 3 est très détaillé et indique avec soin toutes les clauses que doit contenir le « traité d'obligation générale » (general-obligation) conclu au moment de la souscription (1).

Il y a donc chez nous un rapport intime entre la créance et l'hypothèque, et il est de toute nécessité, lorsqu'elles résultent l'une et l'autre d'actes distincts et séparés, que des mentions précises y soient insérées, pour indiquer le lien qui les unit.

Nous ne pensons pas qu'il y ait de différence à établir entre ce qu'on a appelé l'obligation ou le titre au porteur d'une part, et le billet au porteur d'autre part.

D'après M. Boistel, il y aurait cependant des différences entre les deux (2) ; selon lui, le mot *titre* impliquerait l'idée de valeur de Bourse, tandis que le *billet* serait la simple créance sur ou au profit d'un particulier et circulant hors du marché public. Pour nous, nous n'établissons aucune distinction. Que le titre, billet ou obligation, circule à la Bourse ou en dehors, qu'importe, cela ne change pas les conditions de l'examen que nous allons lui faire subir ; c'est toujours une créance cessible, au porteur, et garantie par une hypothèque.

Un titre au porteur peut être valablement émis par toute personne capable et ce, non seulement au point de vue commercial, mais aussi au point de vue civil. La souscription d'un tel titre n'exige chez le débiteur aucune condition spéciale ; tout individu capable peut

(1) *Annuaire de législation étrangère*, 1881, p. 265.
(2) Boistel. *Précis de droit commercial*, 3ᵉ édit., nᵒ 864.

donc souscrire une obligation au porteur s'il s'est
préalablement mis d'accord avec son créancier.

On a prétendu pourtant qu'en donnant cette forme
aux créances on leur imprimait un caractère commercial. On a invoqué en ce sens la disposition de l'ordonnance du 21 janvier 1721 sur les effets au porteur, qui
soumettait aux juges consulaires tous les procès qui y
étaient relatifs.

Mais cette ordonnance se trouve abrogée par la loi
du 15 septembre 1807 qui, en promulguant le Code
de commerce, a fait disparaître toutes les lois qui
concernaient les objets dont il traite. Les articles 631
à 637 de ce Code énumèrent les actes faisant partie des
matières commerciales, et par cela même, en excluent
toute autre opération. Or, ces articles ne font aucune
mention de la souscription d'effets au porteur.

On ne peut même pas appliquer ici l'article 637 du
Code de commerce, d'après lequel la signature d'un
négociant apposée sur un billet à ordre ou sur une
lettre de change, suffit, quand même les autres personnes qui y figurent seraient étrangères au commerce, pour donner compétence au Tribunal de
commerce. Cette compétence étant exceptionnelle
doit être restreinte aux cas mêmes prévus, et un titre
au porteur n'est pas un billet à ordre.

Ainsi, un individu non commerçant peut valablement émettre un titre au porteur et notamment une
obligation hypothécaire au porteur. Il pourrait du
reste souscrire également une lettre de change qui
serait parfaitement valable, bien qu'il ne soit pas
commerçant; mais il y aura cette différence capitale,
que dans le premier cas l'acte n'aura pas par lui-même
un caractère commercial, tandis que dans le second
cas, il aura *ipso facto* ce caractère, même à son égard.

C'est là une proposition admise aujourd'hui en doctrine et en jurisprudence (1).

Vainement, objecterait-on les articles 1690 et 1691 du Code civil ; il n'y aurait qu'à répondre que le caractère distinctif de la créance au porteur est de pouvoir être cédée sans que le débiteur ait à intervenir à l'opération ; par suite, les articles en question sont purement et simplement mis à l'écart et ne sauraient par conséquent être violés. Au reste, ces articles ne sont pas d'ordre public ; c'est reconnu aujourd'hui, et les parties peuvent y déroger, même tacitement, et c'est ce qui a lieu lorsqu'on crée un titre à ordre ou au porteur.

Lorsque, dit la Cour de cassation, le débiteur s'engage à payer à l'ordre du créancier, il accepte par cela même à l'avance, pour seul propriétaire, nous préférerions dire pour seul titulaire de la créance, celui qui sera porteur de cet ordre ; il s'engage à payer à celui-ci et à payer à lui seul la somme ou valeur promise sans exiger aucune autre formalité que la représentation du titre et de l'ordre du créancier (2).

Cela s'applique à toute créance au porteur, qu'elle soit civile ou commerciale. La Cour suprême ajoute

(1) Bien des décisions ont consacré la validité du titre au porteur souscrit par un non-commerçant. V. Cass., 20 janvier 1836 ; S., 1836, I, 494 ; — Cass., 26 août 1823 ; D., Répert., V° *Effets de commerce*, n° 815 ; — Cass , 10 novembre 1829 ; D., *id.*, n° 922. — Riom, 19 décembre 1821, et Nîmes, 25 mars 1830, D., *id.*, n° 922. — Pau, 6 avril 1886, D., 1886, 2, 231. — Dalloz, *Code de commerce annoté*, sous l'article 110, n°s 294 et suiv. — Alauzet : *Commentaire du code de commerce*, n° 1538. — Boistel : *Précis de droit commercial*, 3° édit., n° 854, p. 589.

(2) Cass., 8 mai 1878, D., 1878, 1, 241.

que la solution qu'elle consacre est commandée par l'article 1134 du Code civil, c'est-à-dire par le principe de la liberté des conventions.

Il n'y a d'ailleurs dans cette exception à l'article 1690 aucun inconvénient pour les tiers, car ils sont informés, par la nature même du titre de la créance, de la possibilité qu'il y a de le voir passer dans le patrimoine d'un cessionnaire par la seule remise du titre (1).

Donc, l'obligation civile au porteur est valable.

D'autre part, une hypothèque peut aussi être valablement contenue dans un titre au porteur. En effet, pour la validité de l'hypothèque il faut, nous le savons, un acte authentique, mais rien ne s'oppose à ce qu'une obligation hypothécaire au porteur revête cette forme.

On pourra y arriver par deux procédés :

Ou bien l'acte notarié constitutif d'hypothèque sera rédigé en brevet (2), et alors ce sera l'original lui-

(1) Guillouard. *Traité de la vente et de l'échange*, II, n° 793, p. 331.

(2) La validité de la constitution d'hypothèque dans un acte notarié en brevet ne peut faire doute en présence des termes formels de l'article 2148 du Code civil. Mais on pourrait se demander comment sy prendra le créancier porteur de l'original de l'acte, s'il est obligé d'exercer des poursuites, car son titre ne contient pas de formule exécutoire. Le procédé sera bien simple : ce créancier fera le dépôt de l'acte en brevet, qui est entre ses mains aux minutes d'un notaire quelconque, et ce dernier lui délivrera ensuite une grosse dudit acte, avec la formule exécutoire.

Voyez en outre, Alger, 7 mai 1870, D., 1871, 2, 1 et dans le même sens Aubry et Rau, 4° édit., III, n° 266 et note 46. — Paul Pont : *Privilèges et hypothèques*, II, n° 665 et 942. — Rolland de Villargues : *Répertoire du notariat*, V° *Brevet (acte en)*, n° 11 et 12. Lyon-Caen, *note* dans *Sirey*, 1871, 2, 105.

même qui circulera de main en main, grâce à la clause au porteur qui y aura été insérée.

Ou bien cet acte aura été rédigé en minute; au lieu de l'original, ce sera alors la grosse qui circulera.

Ainsi, on le voit, rien ne s'oppose à la constitution d'une hypothèque par titre au porteur.

L'obligation civile au porteur et la constitution d'hypothèque jointe à cette obligation étant reconnues valables, la cession du titre qui les contiendra toutes deux emportera à la fois cession de la créance et de son accessoire, l'hypothèque.

Et en cela, on ne fera qu'appliquer les principes mêmes de l'article 1692 du Code civil, qui porte textuellement que « la vente ou cession d'une créance comprend les accessoires de la créance, tels que caution, privilège ou hypothèque ».

Tout ce que nous venons de dire peut se résumer logiquement ainsi : en vertu de la liberté des conventions et du caractère accessoire du droit d'hypothèque, la tradition d'un titre de créance hypothécaire au porteur doit transférer, non seulement le droit de créance, mais aussi le droit d'hypothèque. Ainsi, le porteur actuel du titre d'obligation pourra se prévaloir de l'hypothèque bien qu'elle ait été inscrite au nom du premier porteur, et cette inscription pourra être rayée sur la mainlevée donnée par le porteur actuel du titre, bien que son nom ne soit pas celui porté dans l'inscription.

Ces considérations devraient, semble-t-il, suffire à convaincre tout bon esprit, car la logique et le droit s'y donnent la main.

M. Guillouard, le continuateur de Demolombe et le plus récent commentateur du Code civil, dans son remarquable ouvrage, ne dit que quelques mots de notre sujet ; il se contente de déclarer que les obligations stipulées payables *au porteur* ne sont pas soumises à l'application de l'article 1690 (1). D'autre part, il rappelle que le droit aux accessoires d'une créance naît du fait même de la cession ; que c'est là une conséquence nécessaire et que du moment où la créance est *régulièrement cédée dans la forme que comporte sa nature*, le privilège et l'hypothèque qui la garantissent appartiennent de plein droit au cessionnaire : l'accessoire suit la condition du principal (2).

Or, quand une créance existe sous forme d'obligation au porteur, elle est *régulièrement cédée dans la forme que comporte sa nature*, c'est-à-dire par une simple tradition faite de la main à la main et sans qu'il y ait à observer les prescriptions des articles 1690 et 1691 du Code civil. Aussi, M. Guillouard ajoute-t-il que « si une hypothèque a été constituée pour garantir un titre au porteur, la remise du titre suffit pour approprier le cessionnaire de l'hypothèque », et il cite en ce sens les documents de jurisprudence que nous avons cités nous-même (3).

Le problème apparaît donc comme tout résolu au point de vue juridique, et il semble qu'il n'y ait plus dès lors qu'à s'occuper de quelle façon on pourra faire fonctionner le plus pratiquement le mécanisme de l'institution.

Mais nous sommes arrêté par des objections qui

(1) Guillouard. *Traité de la vente et de l'échange*, Paris, 1890, t. II, n° 793.
(2) *Id.*, n°° 815.
(3) *Id.*, n° 815.

ont été soulevées ; on a prétendu que la combinaison proposée n'était pas possible juridiquement dans l'état actuel de notre droit.

Il convient d'examiner tout d'abord ces objections.

CHAPITRE II

OBJECTIONS FAITES CONTRE LA THÉORIE.

On a critiqué la mobilisation des créances hypothécaires en se plaçant soit au point du vue de l'esprit
général du Code civil, soit au point de vue des textes.

En premier lieu, a-t-on dit, le législateur de 1804
n'a pas voulu faire de l'hypothèque un instrument de
crédit territorial qui ferait concurrence au crédit
commercial. Bien au contraire, pour le Code civil,
l'engagement de la propriété est une triste ressource,
une dernière nécessité, dont il fallait autant que possible détourner les propriétaires; c'est ce qui expliquerait pourquoi on a mis tant d'entraves au contrat
d'hypothèque.

Cet argument n'est guère convaincant, car tout le
monde invoque cet esprit général du Code et cette
intention du législateur de 1804; c'est une couver-
ture complaisante et sans défense qui va vers celui qui
la tire. Nous ne voulons cependant pas nier que le
contrat d'hypothèque, à cause de son caractère évident de gravité, a été entouré de formes assez compli-
quées, trop peut-être, mais il n'y a pas l'ostracisme
qu'on prétend. Au reste, ces formes ou formalités

visent aussi bien l'emprunteur que le prêteur ; il ne faut donc pas les considérer comme exclusivement dirigées contre l'emprunteur dans le but de le détourner de l'hypothèque.

Ceci dit, passons en revue les objections faites :

1° Au moment de la souscription de l'obligation hypothécaire au porteur, un individu interviendra nommément dans l'acte (ou dans un acte postérieur, peu importe) comme premier créancier et premier porteur. Nous supposons évidemment qu'on passe des actes authentiques. Ici, malgré toutes les préventions qu'on a contre notre institution, on se résigne à la rigueur à reconnaître que l'opération est régulière et qu'il y a bien contrat, tout en protestant contre cette forme au porteur.

2° Mais voici que l'obligation est souscrite par le débiteur simplement « au porteur ». Il n'y a plus du tout de créancier désigné dans l'acte, fût-ce même pour la forme ; en sorte qu'on n'a réellement au début qu'un engagement hypothécaire, unilatéral de la part du débiteur.

Dans ce cas par exemple, on ne se résigne plus, on proteste tout de bon ; c'est dit-on tout simplement un retour à la pratique, illégale maintenant, des cédules de la loi de messidor an III, et admettant même que l'obligation ne reste pas à l'état unilatéral, qu'elle devienne bilatérale par la survenance d'un créancier qui voudra bien endosser la situation et compléter l'opération ? son acceptation, si elle résulte de la simple prise de possession du titre au porteur, sera irrégulière. En effet, en matière hypothécaire (l'hypothèque étant rangée parmi les *contrats solennels*), on exige avant tout la forme ; or cette forme est que le contrat soit authentique, et qui dit contrat suppose deux personnes en jeu ; l'une qui offre et l'autre qui accepte ; comment peut-on dans ces conditions se contenter d'une acceptation aussi primitive qu'une simple remise du titre ; une tradition de la main à la main, alors que pour la première partie de la même opération on a exigé les formes solennelles de l'authenticité.

3° L'article 2148 du Code civil fournit une autre objection.

Le premier paragraphe de cet article exige que les nom, prénoms, domicile du créancier, sa profession, etc., soient énoncés dans l'inscription. Or, il est impossible, a-t-on dit, avec des titres hypothécaires au porteur de satisfaire à cette exigence précise de la loi. On ne peut en effet connaître ni faire relater à l'avance les noms des vingt créanciers successifs, peut-être même davantage, par les mains desquels le titre pourra passer du jour de son émission au jour de son remboursement.

Cette publicité est de rigueur, a-t-on dit ; les titres hypothécaires au porteur ne peuvent y satisfaire par leur nature même, il faut donc les rejeter, à moins d'amener une perturbation complète dans l'économie de notre système hypothécaire.

L'article 2152 du Code civil est également invoqué comme absolument incompatible avec une cession de la main à la main d'un titre hypothécaire au porteur. Voyez plutôt : « il est loisible à celui qui a requis une inscription, ainsi qu'à ses représentants ou *ses cessionnaires par acte authentique*, de changer sur le registre des hypothèques le domicile élu, etc... »

Cet article, dit-on, porte bien écrit en toutes lettres

que la cession de l'hypothèque une fois inscrite ne peut plus se faire que par acte authentique; comment admettre alors qu'on puisse soutenir la validité d'une cession faite par simple tradition manuelle (1).

Donc, pour rester dans la légalité, il faudrait mentionner, en marge de l'inscription, la circulation de l'hypothèque ; c'est demander l'impossible ou vouer à mort l'institution, et c'est qu'on veut du reste (2).

4° Voici une quatrième objection : la forme au porteur est incompatible avec la procédure de purge.

La loi en effet prescrit dans ce cas de faire aux créanciers hypothécaires certaines notifications.

L'article 2183 du Code civil exige que le nouveau propriétaire, pour se garantir des poursuites des créanciers hypothécaires au moyen de la purge, leur signifie *aux domiciles par eux élus dans leurs inscriptions,* extrait de son titre, etc.

L'article 753 du Code de procédure civile prescrit de son côté de faire, dans les huit jours de l'ouverture de l'ordre, une sommation de produire, qui doit être adressée aux créanciers par acte signifié aux *domiciles élus dans leurs inscriptions* ou à celui de leurs avoués, s'il y en de constitués.

Or, dit-on, le défaut de publicité qui résulterait des différentes transmissions de l'hypothèque, si elle

(1) Cette objection a surtout été développée par M. de Folleville : *Traité de la possession des meubles et des titres au porteur,* 1875, p. 320, n° 162. Cet auteur prétend que le nantissement ou l'hypothèque n'existent *pas en fait* sous la forme d'un titre au porteur, et il se demande s'ils pourraient exister *en législation.* Il conclut à la négative.

(2) L'objection avait déjà été formulée pour les titres hypothécaires *à ordre,* dans l'enquête de 1841-1842. V. documents précités, I, p. xci et suiv.

pouvait se faire simplement de la main à la main, serait un obstacle invincible pour l'accomplissement de ces formalités de purge, car où et comment le tiers détenteur pourrait-il arriver à connaître le domicile des détenteurs actuels des titres hypothécaires qui grèvent son immeuble ?

Telles sont, brièvement énumérées, les diverses objections qu'on a fait valoir surtout contre les titres hypothécaires *à ordre;* mais elles s'appliquent avec la même force et le même à-propos aux titres hypothécaires *au porteur* (1).

Nous allons maintenant les examiner en détail; voir leur valeur et tâcher de les réfuter. Il sera utile, pour plus de clarté et aussi pour éviter des redites, de faire un exposé du fonctionnement de notre institution, et pour cela, de prendre l'obligation hypothécaire à sa naissance et de la suivre dans les diverses phases de son existence jusqu'à sa fin.

(1) Voir toutes ces objections développées par Cabantous : *Note* dans *Sirey*, 1838, 1, 208; — Massé : *Dictionnaire commercial*, t. IV, n° 2996; — Dalloz : *Répertoire*, V° *Effets de commerce*, n° 273, et V° *Privilèges et Hypothèques*, n° 1267.

CHAPITRE III

NAISSANCE DE L'OBLIGATION HYPOTHÉCAIRE AU PORTEUR
CRÉATION DU TITRE
CONSTITUTION DE L'HYPOTHÈQUE

§ 1er. —Considérations tirées du caractère de l'hypothèque.

Nous savons que l'hypothèque confère au créancier un droit réel sur l'immeuble affecté, droit qui lui permettra d'en poursuivre la vente, en quelques mains qu'il passe, et de se faire payer sur le prix, par préférence et selon le rang de son inscription.

C'est donc un *droit réel* entraînant *droit de suite* et *droit de préférence*.

C'est en outre un *droit accessoire*, c'est-à-dire qu'elle suppose une créance qu'elle a pour objet de garantir, et ce, quelle que soit la nature de cette créance ; ainsi, une lettre de change, qui constitue un acte de commerce *ipso facto*, pourra être garantie par une hypothèque ; il y aura là un mélange d'éléments commerciaux et d'éléments civils (1).

(1) Lyon-Caen et Renault. *Précis de droit commercial*, t. I, p. 542, note 2, et p. 590, n° 2.

On s'est demandé si l'hypothèque était *un démem-brement de la propriété.* C'est une question surtout théorique ; nous ne la traiterons pas.

On s'est demandé encore si l'hypothèque était un droit *mobilier ou immobilier.*

On a longuement discuté sur cette question ; le désaccord est survenu, croyons-nous, surtout de ce qu'on s'est placé à un point de vue différend. Les uns, s'attachant uniquement à la nature du droit d'hypothèque, en ont fait un droit immobilier ; les autres, se basant seulement sur son caractère de droit accessoire, en ont fait un droit tantôt mobilier, tantôt immobilier, suivant la nature mobilière ou immobi-lière du droit principal.

Cette distinction pourrait présenter quelque intérêt si nous faisions une étude sur les droits des tuteurs ou des femmes mariées, et pour le cas où il s'agirait de disposer de l'hypothèque sans disposer de la créance, par exemple pour donner une mainlevée sans recevoir. Mais ce n'est pas notre cas ; nous n'avons qu'à nous placer au point de vue de l'hypothèque fonctionnant avec la créance à laquelle elle est atta-chée. Nous dirons alors que, bien que constituant au fond un droit immobilier, l'hypothèque suivra le sort de cette créance et sera transmise avec elle à titre d'accessoire, si les formes requises pour cette trans-mission ont été observées ; et s'il s'agit d'un titre au porteur garanti par une hypothèque, cette hypothèque pourra être cédée en même temps que le titre et de la même façon que lui.

On ne voit pas sur quoi on pourrait s'appuyer pour exiger qu'il en fût autrement. Est-ce sur la nature de ce droit immobilier de l'hypothèque ? Qu'on nous

dise alors quelles sont les formalités spéciales requises
pour la transmission des droits immobiliers. La formalité essentielle est le consentement des parties, et la
loi du 23 mars 1855 n'a rien édicté de spécial pour
la cession du droit d'hypothèque.

Ainsi, bien qu'immobilière, elle peut être constituée et cédée à la suite d'une créance au porteur
comme formant son accessoire.

On a soutenu cependant qu'aucun droit immobilier
ne pouvait être représenté par un titre au porteur (1).

Cette proposition pourrait peut-être se trouver vraie
si l'on avait affaire à une hypothèque au porteur,
existant et fonctionnant seule, par elle-même, et non
plus à titre d'accessoire d'une créance ; car on aboutirait alors à l'application de l'article 2279 du Code
civil à un droit réel immobilier.

Cet article, qu'il y aurait peut-être lieu de rejeter
dans le premier cas, s'appliquera sans difficulté si
l'hypothèque fonctionne comme accessoire, car son
effet portera non plus directement sur l'hypothèque,
mais sur la créance, et c'est cette dernière qui entraînera avec elle l'hypothèque par application de l'article 1602 du Code civil : *Accessorium sequitur principale.* L'objection qu'on pourrait tirer de l'article 2279
tombe donc.

Ainsi, en ce qui concerne notre sujet, nous n'avons
pas à nous occuper autrement du caractère mobilier
ou immobilier de l'obligation hypothécaire au porteur ; nous dirons seulement en passant, qu'à notre
avis l'hypothèque est un droit immobilier.

---

(1) M. de Folleville. *Traité de la possession des meubles et
des titres au porteur,* p. 321, n° 162.

Et à ce propos, il est peut-être bon de faire ici une observation relative à la terminologie.

Il nous est arrivé d'employer l'expression « mobilisation des créances hypothécaires », nous devons dire qu'elle est à la fois exacte et inexacte :

Une créance de somme d'argent est meuble, même si elle est garantie par hypothèque, elle n'a donc pas besoin d'être mobilisée.

D'autre part, une hypothèque est immeuble.

Quand nous disons mobilisation des créances hypothécaires ou mobilisation de l'hypothèque, nous employons des termes qui expriment au point de vue économique le résultat cherché ; mais ils ne compromettent nullement dans notre pensée le caractère juridiquement immobilier de l'hypothèque.

Dernier caractère de l'hypothèque : elle *est indivisible*. La créance hypothécaire au porteur respecte ce caractère ; il n'y a par suite rien de particulier à dire à cet égard.

En résumé, en ce qui concerne les caractères de l'hypothèque, ils cadrent fort bien avec notre institution et nous ne rencontrons pas de difficultés sérieuses ; il ne va pas en être de même pour la suite.

§ 2. — Considérations tirées de l'examen des biens susceptibles d'être grevés.

Nous avons peu de chose à dire sur ce point : que la créance hypothécaire soit nominative ou au porteur, peu importe au point de vue des biens affectés à la garantie du remboursement.

Il suffira de rappeler ce que nous avons déjà dit au sujet des compagnies de chemins de fer : elles ne peuvent, en l'état actuel de notre droit, émettre des obligations de la nature de celles qui nous occupent, car le droit qu'elles ont sur le sol de la voie n'est pas susceptible d'hypothèque, pour les motifs énoncés plus haut.

Il leur reste bien leurs immeubles bâtis mais, admettant qu'ils ne doivent pas être considérés comme accessoire de la voie, ils représentent en général une valeur tout à fait minime, eu égard à la masse énorme des titres qu'ils auraient à garantir.

Quant au matériel roulant, pas d'hésitation : ou bien il constitue un accessoire de la voie, ou bien il est meuble.

Ainsi, si les compagnies de chemins de fer ne peuvent concéder d'hypothèque à leurs obligations, cela tient non à la forme des titres, mais à la nature des immeubles.

Tout immeuble susceptible d'hypothèque peut servir de gage à une obligation au porteur; voilà la règle.

§ 3. — **Considérations tirées de la personne du débiteur.**

Il convient également d'être bref sur la capacité nécessaire pour hypothéquer. Nous savons que cette capacité, sauf quelques exceptions connues, se résume en ceci : il faut être le propriétaire des immeubles grevés et avoir la capacité d'aliéner.

Ces conditions sont générales et restent les mêmes pour le cas qui nous occupe. Toute personne, individu, société, commune, etc., doit les remplir, si elle veut par une hypothèque valable garantir une créance nominative ou au porteur.

§ 4. — Considérations tirées de la spécialité de l'hypothèque conventionnelle.

Même remarque en ce qui concerne la spécialité de l'hypothèque conventionnelle. Nous ne trouvons rien de particulier pour notre sujet. Le débiteur ne pourra pas ici, plus qu'ailleurs, consentir une hypothèque générale sur ses biens, et l'acte de constitution devra indiquer nettement la créance garantie ; la nature de cette créance et son chiffre plus ou moins élevé importent peu ; il faut qu'ils soient bien déterminés, voilà tout.

Nous n'avons jusqu'ici rien vu de spécial ni de contraire à la combinaison proposée.

Nous allons passer maintenant à la forme de la constitution d'hypothèque ; ici, nous rencontrerons une situation plus intéressante à étudier.

§ 5. — Constitution de l'hypothèque.

Nous arrivons dans le vif de notre sujet et nous touchons au côté vraiment pratique de l'institution ; nous abordons le chapitre des difficultés. Elles ne sont pas bien grandes quand il s'agit d'une créance au porteur, émise par un simple particulier au profit d'un autre particulier. Mais il n'en est plus de même si l'on suppose une émission d'obligations faite par une société ou une commune au profit d'une masse de créanciers.

Le nombre de ces créanciers et le fait que les futurs porteurs et définitifs bénéficiaires de titres sont inconnus ont donné lieu à des combinaisons pratiques qu'il importe d'étudier.

Il a fallu chercher des moyens pour accommoder notre institution aux exigences légales. Cette recherche a abouti notamment à l'établissement de formules diverses qui ont été employées par les notaires dans leurs actes, et que nous reproduirons plus loin pour en faire l'analyse et la critique.

La première opération à effectuer est la création de l'obligation. Deux éléments doivent y concourir : la créance d'abord, c'est-à-dire le principal ; puis l'hypothèque, c'est-à-dire l'accessoire.

Supposons d'abord que l'obigation hypothécaire à créer est unique, ou tout au moins qu'il n'y a que quelques titres. L'opération va se passer de la façon la plus simple. Comme il faut un acte authentique, le débiteur et le premier porteur iront devant un notaire, qui constatera la convention et l'obligation avec son caractère spécial, qui sera d'être une obligation hypothécaire au porteur (1).

Le débiteur s'engage à fournir le montant de la

(1) Tout ceci est un peu abstrait ; la lumière sera vite faite par la seule lecture des formules ; mieux que tous les raisonnements et qu'une longue dissertation, elles feront voir et comprendre la simplicité et la légalité de l'opération. Consultez au cahier des formules, qui se trouve à la fin de ce travail, la formule A, qui se rapporte à la constitution d'une obligation hypothécaire au porteur dans l'espèce présentement étudiée.

Cette formule est tirée du *Traité pratique et formulaire général du notariat,* de Defrénois, 7e édition, 1893, t. IV, p. 384.

prestation promise, soit au créancier qui aura figuré à l'acte, soit au porteur du titre.

Ce titre sera l'acte lui-même, s'il a été rédigé en brevet, ce qui est parfaitement licite, ainsi que nous l'avons vu ci-dessus, soit la grosse de l'acte, s'il a été rédigé en minute.

Le porteur pour être payé n'aura qu'à se présenter à l'échéance muni de son titre.

Une autre forme plus simple encore pourrait être adoptée, mais à notre avis, c'est une forme dangereuse que nous ne saurions conseiller ; la voici : le débiteur s'engagerait à payer au porteur. Aucun créancier ne figurerait à l'acte, et il n'y en aurait aucun de nommé ; celui-là serait le créancier qui se présenterait porteur du titre. Nous ne saurions, nous le répétons, conseiller ce mode de faire, contre lequel une très grave objection s'élève tout de suite : c'est que le débiteur figurant seul à l'acte, il n'y a pas contrat ; pas accord de deux volontés. C'est un engagement unilatéral qui rappelle l'hypothèque sur soi-même et constitue une opération nulle.

Mais il y a moyen de parer à cet inconvénient, en élargissant un peu la formule, et sans qu'il soit nécessaire cependant d'avoir la présence ni même le concours d'un premier créancier dans l'acte constitutif ; voici comment on procédera : on se contentera de le nommer dans l'acte. On dira alors Pierre (le débiteur) s'engage à payer tant pour prêt à Paul, premier porteur, ou à tout autre porteur. Si c'est Paul qui se présente pour toucher, il y aura ratification et confirmation de l'opération faite ; si c'est un autre porteur, qui se présente, on supposera que c'est Paul qui a fait la remise du titre, et cette remise aura entraîné encore implicitement et tacitement, ratification et confirmation de l'opération.

De la sorte, il nous semble qu'on sera en règle (1). Mais poussons un peu plus loin et supposons maintenant, comme nous le faisions tout à l'heure, qu'aucun créancier ne soit dénommé dans l'acte. Pourquoi cette obligation hypothécaire souscrite simplement au porteur ne serait-elle pas valable ?

Conteste-t-on aujourd'hui la validité juridique du titre et de l'obligation ordinaire quand elle est émise aussi simplement au porteur ; non. En quoi alors une constitution d'hypothèque, ajoutée au titre pour en garantir le remboursement, peut-elle à ce point modifier sa nature, que ce qui est bon sans hypothèque ne vaudra plus rien s'il y a une hypothèque ? Il y a là un véritable problème ; pour le résoudre, il nous semble que le plus simple est de renvoyer à l'analyse de la nature des relations qui existent entre l'émettant et le premier porteur.

On sait que l'opération juridique qui consiste à souscrire et à émettre un titre au porteur a été expliquée de bien des manières.

Certains ont vu là un engagement unilatéral ; d'autres ont soutenu que c'était un véritable contrat, seulement que le débiteur, au lieu de s'engager directement avec une autre personne, s'engageait envers le titre lui-même, et que l'effet de cet engagement se réalisait ensuite envers la personne à qui le titre était remis (2).

---

(1) Sur cette théorie, v. Wahl : *Traité théorique et pratique des titres au porteur*, t. I, 2ᵉ partie, p. 179 et suiv.

(2) Sur la théorie du titre au porteur et l'explication par l'idée de contrat, v. Wahl : *Traité théorique et pratique des titres au porteur*, t. I, 2ᵉ partie, p. 179 et suiv., et p. 196 et suiv.

Cette dernière explication semble une réfutation sérieuse de l'objection formulée plus haut, concernant le prétendu engagement unilatéral du débiteur. Examinons de plus près la théorie du contrat d'hypothèque.

Il est hors de doute que l'hypothèque ne peut pas être consentie par le débiteur seul, sans l'acceptation du créancier, autrement ce ne serait plus une hypothèque conventionnelle. Mais toute différente est la question de savoir comment doit se manifester l'acceptation du créancier.

Tout d'abord il n'est pas nécessaire qu'elle soit constatée dans un acte notarié. Nous reviendrons sur cette question de forme, dans le paragraphe 6 du présent chapitre.

Il est même admis aujourd'hui que le créancier peut accepter l'hypothèque en manifestant son acceptation d'une façon quelconque, soit par acte sous-seing privé, soit même tacitement, en requérant inscription ou en produisant à l'ordre (1).

M. Labbé rappelle à ce propos qu'une hypothèque peut être constituée par testament, pourvu que le testament soit authentique. Or, on n'exige pas que l'acceptation du légataire soit constatée par acte notarié (2).

Le créancier pouvant accepter sous une forme quelconque peut également donner mandat à un tiers, dans une forme quelconque, d'accepter l'hypothèque en son nom. Ainsi, dans la pratique notariale,

(1) En ce sens, Aubry et Raut, IV, p. 274, texte et note 50; Paris, 22 avril 1835, S., 1835, 2, 373; Cass., 5 août 1839, S., 1839, 1, 753; Cass., 4 décembre 1867, S., 1868, 1, 252. — Chambéry, 20 janvier 1872, S., 1872, 2, 125.

(2) Labbé. *Note* dans le Recueil de Sirey, 1879, 2, 314, 315,

il arrive souvent que le créancier figure à l'acte par un simple mandataire verbal, qui est le premier venu, souvent un clerc de l'étude où l'acte est passé.

Bien mieux, un tiers même sans mandat pourrait accepter une hypothèque pour le créancier. Celui-ci devra ratifier, bien entendu, mais la ratification, comme le mandat, sera donnée dans une forme quelconque, expressément ou tacitement. Dans l'ancien droit, un notaire pouvait accepter une hypothèque pour un créancier futur ou absent. Aujourd'hui, ceci n'est plus possible ; l'article 8 de la loi du 25 ventôse an XI s'oppose en effet à ce que le notaire figure dans les actes qu'il reçoit ; mais, ainsi que nous venons de le dire, un tiers, même sans mandat, peut y figurer.

On voit par là dans quelle faible mesure l'intervention du créancier est nécessaire à la perfection du contrat hypothécaire. Il suffit d'une acceptation tacite, se produisant à une époque quelconque.

Dès lors, la conséquence s'impose au point de vue de l'obligation hypothécaire au porteur. Si un tiers figure dans l'acte consécutif, il accepte l'hypothèque comme premier porteur du titre ou simplement comme représentant des porteurs éventuels. Il importe même peu de rechercher s'il est souscripteur sérieux, ou s'il n'est qu'un bénéficiaire de circonstance, intervenu pour les besoins du contrat.

S'il est souscripteur sérieux, il accepte pour lui-même comme créancier ; dans l'autre cas, il agit, bien que sans mandat, pour les futurs porteurs. Comment en serait-il autremeut, puisque personne ne se connaît. Mais alors l'adhésion du véritable créancier, c'est-à-dire des porteurs subséquents, est nécessaire pour la perfection du contrat. Or, comment interviendra-t-elle ? Par un fait informe, qui sera la prise de possession du titre (1).

Cette théorie de l'acceptation tacite, consacrée par une longue jurisprudence, est un argument capital en faveur de la validité de l'obligation hypothécaire au porteur.

On peut supposer maintenant une émission d'obligations faite en grande quantité. C'est par exemple une ville ou une société qui fait un gros emprunt sous forme d'obligations au porteur et dont le remboursement est garanti par une hypothèque.

Le côté débiteur n'offre rien de particulier. Il y aura des formalités à remplir, si c'est par exemple une ville ou un département qui emprunte, mais cela ne présente aucun intérêt pour nous.

Le côté créancier au contraire a besoin d'être étudié de beaucoup plus près. Il y aura des dispositions spéciales à prendre, par suite de ce fait que les obligataires sont à la fois très nombreux et anonymes. Plusieurs milliers de créanciers ne peuvent intervenir à l'acte constitutif, c'est évident. Il est donc indispensable de constituer un ou plusieurs représentants de tous les obligataires et de centraliser entre leurs mains tous les pouvoirs nécessaires pour exercer les droits attachés aux obligations et conserver les intérêts communs des créanciers.

On procédera du reste comme on ferait si les obligations à émettre étaient des titres ordinaires, au lieu d'être des titres hypothécaires.

____

(1) En ce sens, v. Gillard : *La constitution de l'hypothèque conventionnelle*, p. 483-484.

La création des obligations est opérée par le gérant ou par le conseil d'administration de la société emprunteur. Cette création doit être autorisée par une clause des statuts ou par une résolution de l'assemblée générale des actionnaires.

Les obligations sont souscrites par des premiers porteurs. Ils peuvent être nommément désignés et former un syndicat pour la représentation de tous les obligataires présents et futurs et pour la défense de leurs droits.

Le souscripteur primitif peut aussi être un établissement financier, qui met ensuite à ses risques et périls les obligations en circulation dans le public. La société emprunteur traite dans ce cas avec une banque ou une autre société qui souscrit intégralement l'emprunt, inscrit l'hypothèque et ne livre les titres au public, qu'une fois les formalités remplies.

M. Labbé signale également (1) le procédé employé par une société (c'était la Société métallurgique du Périgord). Dans l'annonce même de l'émission d'obligations, cet établissement avait inséré la clause suivante : Dès la clôture de l'émission, il sera formé une société civile représentant l'ensemble des obligataires, et dont le but sera de prendre à leur profit, sans aucuns frais pour eux, une hypothèque de premier rang sur tous les immeubles de la société. La souscription aux obligations entraînera adhésion à la société civile.

Cette pratique consistant à créer une société entre les obligataires est en effet très suivie. Jusqu'à ces dernières années, on la qualifiait toujours de société *civile* d'obligataires.

(1) *Note* sous Sirey, 1879, 2, 313.

Nous verrons au chapitre suivant que depuis une loi récente, elle peut désormais être *commerciale*.

Nous venons de supposer que la société ainsi constituée l'a été en vue de la création des titres, mais on peut tout aussi bien supposer que cette société d'obligataires ne se forme qu'une fois les obligations émises. Qu'elle soit créée en vue et au cours de l'émission ou seulement après, son but est toujours le même : c'est de pouvoir exercer plus efficacement, en les centralisant, les droits individuels compétant à tous les porteurs de titres.

On peut procéder soit sous forme d'une société complète qui fonctionnera dans les conditions indiquées dans la formule B (1), ou bien constituer simplement un syndicat d'obligataires qui centralisera entre ses mains tous les pouvoirs nécessaires à l'exercice des droits des créanciers (2). Peu importe que les futurs obligataires soient inconnus ; nous avons déjà vu en effet qu'un tiers, agissant sans mandat, peut accepter une constitution d'hypothèque au nom d'un futur créancier qui est encore à trouver.

On peut aussi, ce qui n'est qu'une variante de la combinaison précédente, stipuler comme condition essentielle de la création et de la souscription des

(1) *Le traité pratique et formulaire du notariat*, de Defrénois, t. IV, p. 59, indique la formule d'une société civile d'obligataires. Nous en reproduisons les éléments substantiels dans la formule B, insérée au cahier des formules, *in fine*, du présent travail.

(2) Nous reproduisons dans notre cahier des formules la formule d'un acte créant un syndicat de ce genre ; elle nous a été obligeamment communiquée par un notaire qui l'a appliquée ; c'est dire qu'elle est complètement empruntée à la pratique. Elle constitue notre formule C.

obligations, que les droits y attachés seront, jusqu'au remboursement des titres, exercés par les souscripteurs originaires. Ceux-ci joueront ainsi le même rôle que les membres du syndicat dont nous venons de parler (1).

Il y a encore un autre moyen qui combine deux des précédents. On peut conférer la mission de représenter les obligataires à la gérance ou au conseil d'administration d'une autre société, en stipulant qu'en cas de dissolution de cette société avant le remboursement intégral des obligations, les gérants et administrateurs seront tenus de nommer, par acte notarié, un certain nombre de personnes devant composer un syndicat chargé de représenter les obligataires aux lieu et place de l'établissement primitivement désigné, et avec des pouvoirs identiques (2).

On le voit, soit qu'on choisisse des représentants parmi les obligataires eux-mêmes, soit qu'on les prenne en dehors d'eux, on a à sa disposition diverses combinaisons que la pratique a ingénieusement imaginées et élaborées pour arriver à la création et au fonctionnement régulier et facile de l'obligation hypothécaire au porteur. Il convient de choisir entre elles suivant chaque cas déterminé et les circonstances particulières où l'on se trouvera.

Elles répondent à toutes les exigences de la loi ; elles reposent sur le simple jeu des principes élémentaires

(1) Nous empruntons encore au *Traité pratique et formulaire du notariat*, de Defrénois, t. IV, p. 385, une combinaison de ce genre, comprise dans la formule D ; v. au cahier des formules, *in fine*.

(2) Cette combinaison est empruntée au *Journal des notaires*, 1887, p. 645.

du droit civil; en un mot, elles sont de tout point légales.

Ce besoin, cette idée de constituer ainsi des représentants à toute une classe d'obligataires est tellement naturelle et nécessaire à la fois, que les pouvoirs publics y ont eu recours dans une circonstance difficile.

Une loi spéciale est intervenue pour constituer un mandataire commun à toute une masse d'obligataires répandus un peu partout, ne se connaissant pas, sans aucun lien ni trait d'union entre eux. Ils avaient des droits à faire valoir qui étaient condamnés à une complète inaction pour des raisons diverses, faute d'un représentant commun.

Il s'agissait de la *Liquidation de la Compagnie universelle du canal interocéanique de Panama*. La loi qui nomma ce mandataire commun aux obligataires de cette Compagnie est du 1ᵉʳ juillet 1893 (1).

L'article 2 de cette loi décide que les actions de toute nature appartenant aux porteurs d'obligations seront exercées par un mandataire nommé à la requête du Procureur de la République près le Tribunal civil de la Seine, par jugement rendu en chambre du conseil.

C'est tout simplement la consécration législative du système que nous venons d'indiquer.

Nous savons qu'à côté des motifs que nous venons d'énumérer, il y avait en outre, dans cette malheureuse affaire, différentes mesures graves à prendre, qui à elles seules eussent déjà nécessité l'intervention

____

(1) V. le texte complet de cette loi dans le *Journal officiel* du 2 juillet 1893.

d'une loi ; mais il n'en est pas moins certain que cette question de la représentation des obligataires a aussi été prise en sérieuse considération.

Notre résumé sera donc que les procédés ci-dessus indiqués sont absolument légaux ; nous aurons du reste par la suite l'occasion de le démontrer d'une façon plus péremptoire, quand nous examinerons le fonctionnement de l'hypothèque et notamment la prise de l'inscription.

§ 6. — Forme authentique.

Aux termes du Code civil, l'hypothèque doit être constituée par acte authentique, article 2127. La solennité a été prescrite par le législateur de 1804, un peu par souvenir de la tradition de notre ancien droit, et surtout pour de sérieux motifs d'utilité générale. La constitution d'hypothèque est en effet un acte grave ; sous des apparences bénignes, elle constitue un gros danger pour le débiteur. Tout en grevant son immeuble, il ne ressent aucun amoindrissement apparent dans son patrimoine, tandis qu'il n'aliénerait pas aussi facilement ce même immeuble qu'il vient de grever. L'authenticité rend indispensables les conseils du notaire qui éclaireront le débiteur sur sa vraie situation.

Relativement à l'hypothèque consentie comme garantie d'une obligation au porteur, l'authenticité de l'acte constitutif soulève quatre questions :

1° Authenticité de l'acte constitutif d'hypothèque.

2° Authenticité du mandat donné aux gérants ou

administrateurs d'une société de consentir hypothèque au profit des obligataires.

3° Authenticité de la ratification de cette hypothèque dans le cas où les gérants ou administrateurs
l'auraient consentie sans mandat.

4° Authenticité de l'acceptation de l'hypothèque par
les créanciers obligataires.

Nous reprenons successivement ces quatre points :

A. — Le premier point ne fait naître aucune difficulté. L'acte constitutif d'hypothèque doit toujours
être passé en la forme authentique comme l'indique
l'article 2127, et cela, que ce soit pour une obligation
unique consentie par un particulier à son créancier,
ou qu'il s'agisse d'obligations émises par masses par
une société ou un établissement quelconque. C'est
l'application des règles mêmes du Code civil et les
sociétés, commerciales ou non, y sont soumises.

La loi du 1ᵉʳ août 1893, qui a modifié la loi du
24 juillet 1867 sur les sociétés par actions, et dont
nous parlerons plus loin, a maintenu expressément,
dans le nouvel article 69 de la loi, la nécessité de
passer l'acte d'hypothèque « en la forme authentique,
conformément à l'article 2127 du Code civil ».

B. — Le second point a soulevé plus de contro-
verses.

L'acte constitutif d'hypothèque doit être, avons-
nous dit, passé en forme authentique. Or, si l'on
combine cette disposition avec le principe incontesté
suivant lequel on doit observer pour le mandat les
formes prescrites pour l'acte passé en vertu de ce
mandat, il faut décider que le mandat donné pour
constituer hypothèque doit être lui-même rédigé par
acte authentique.

Par suite, les gérants ou administrateurs des sociétés, quand ils constituent une hypothèque au nom de leur société, devraient avoir un mandat régulier, c'est-à-dire authentique.

Mais on s'est relâché de la rigueur de ces principes, auxquels une exception importante a été apportée par le nouvel article 69 de la nouvelle loi précitée sur les sociétés. Cet article dispose en effet « qu'il pourra être consenti hypothèque au nom de toute société commerciale, en vertu des pouvoirs résultant de son acte de formation *même sous-seing privé,* ou de délibérations ou autorisations constatées dans les formes réglées par ledit acte ».

Voilà donc une hypothèque qui va pouvoir être consentie par un mandataire muni d'un mandat non authentique.

Avant cette loi du 1er août 1893, de vives discussions s'étaient élevées sur la nature de ce mandat. Voici le débat :

La jurisprudence décidait que si les statuts de la société donnaient aux administrateurs le pouvoir d'hypothéquer, il fallait que ces statuts eussent été reçus par un notaire.

Si au contraire les statuts ne donnaient pas ce pouvoir, les hypothèques ne pouvaient être valablement conférées que par une délibération prise en la forme authentique. Il fallait donc qu'un notaire assistât à l'assemblée générale convoquée pour autoriser l'émission d'obligations hypothécaires au porteur ; qu'il rédigeât un procès-verbal authentique de la délibération prise, que devaient signer tous les intéressés présents. Une délibération prise en la forme ordinaire, avec dépôt du procès-verbal au rang des minutes d'un notaire, n'eût pas suffi.

Telles étaient les conséquences rigoureuses que la jurisprudence avait déduites de l'obligation de l'authenticité pour l'acte constitutif d'hypothèque (1).

Ce n'était pas encore tout. Lorsqu'un conseil d'administration avait été autorisé à émettre des obligations hypothécaires, ainsi qu'il vient d'être dit, comme il lui était difficile de se transporter tout entier dans l'étude d'un notaire et de comparaître à l'acte d'hypothèque, il déléguait un ou plusieurs de ses membres, ou même un tiers, à l'effet de faire le nécessaire. La délibération prise à ce sujet devait encore, pour la validité de l'hypothèque, être constatée par acte notarié (2).

On voit quelle série d'entraves cela apportait dans ces opérations.

Aussi les décisions de la jurisprudence avaient-elles été vivement critiquées, et c'est de ces critiques qu'est en grande partie sortie la loi nouvelle dont nous venons de parler.

On faisait remarquer, en ce qui concerne les statuts

(1) V. notamment, Paris, 5 juillet 1877, *Journal des notaires,* 1877, art. 21758; Cass., 15 novembre 1880, S., 1881, 1, 253; Cass, 23 décembre 1885, S., 1886, 1, 145; Cass., 3 décembre 1889, D., 1890, 1, 105. — Paris, 7 août 1880, 6 mai 1881, 5 décembre 1887. — Chambéry, 18 juillet 1881. — Tribunal de la Seine, 19 juillet 1886, etc., Rolland : *Examen doctrinal de jurisprudence,* dans la *Revue pratique,* 1882, p. 211. — Thaller. *Annales de droit commercial,* 1886-1887, p. 7. — Lyon-Caen et Renault. *Traité de droit commercial,* 2e édit., t. II, nos 183 et 586, etc.

(2) Paris, 7 août 1880, S., 1881, 2, 470; Cass., 27 juin 1881, S., 1881, 1, 442. — Paris, 5 décembre 1885, *Gazette du palais,* 1886, 1, 476; Cass., 18 juillet 1887, *Gazette du palais,* 1, 887, 2, 419. — Louis Lucas. *Note* dans les *Annales de droit commercial,* 1888, p. 101, etc.

de la société, qu'il faut s'attacher pour déterminer la forme d'un acte à son objet principal, abstraction faite des dispositions accessoires qu'il peut contenir. Or, l'objet principal de l'acte social est la constitution même de la société ; le pouvoir d'hypothéquer est accessoire, et le législateur n'exige pas la forme authentique pour l'acte social (1).

Il y avait doute également sur le point de savoir si une délibération d'assemblée d'actionnaires pouvait être assimilée à une procuration, et si les motifs pour lesquels l'authenticité est exigée en matière de mandat trouvaient bien leur application dans l'espèce. Ici encore, on critiquait la jurisprudence (2).

On le voit, en dehors des frais considérables occasionnés, les complications étaient telles, que le rapporteur de la loi du 1ᵉʳ août 1893 a pu dire avec raison à la Chambre des députés : « Il est devenu presque impossible aux sociétés de constituer une hypothèque inattaquable. Une simplification, a-t-il ajouté, est réclamée depuis longtemps. Cette réclamation se justifie d'autant mieux que, pour toute autre matière, les actes de société, délibérations, etc., même sous-seing privé, sont admis comme donnant garantie suffisante (3) ».

Ainsi, aujourd'hui, le mandat donné au Conseil d'administration de créer des obligations hypothécaires au porteur peut être sous-seing privé.

Toute difficulté a donc disparu sur ce point, d'autant mieux que le texte du nouvel article 69 est très large

(1) Note de M. Labbé, dans *Sirey*, 1886, 1, 145.
(2) Article anonyme dans le *Journal des notaires*, 1877, p. 646.
(3) Rapport de M. Clausel de Coussergues à la Chambre des députés.

et qu'il régit toutes les sociétés de commerce sans exception. Peu importe donc que les obligations soient émises par une société en nom collectif, en commandite par intérêts, en commandite par actions, ou anonyme (1). La seule question qui pourrait se poser est transitoire : il s'agirait de savoir si une société antérieure à la loi de 1893, pourrait aujourd'hui bénéficier de ces dispositions. Nous préférons ne pas discuter la question ; c'est sans intérêt pour ce qui nous regarde (2).

La loi de 1893 n'a pas touché à une autre question, controversée autrefois et relative aussi au mandat pour constituer hypothèque. Il arrive fréquemment que des actionnaires ne figurent pas à une assemblée générale et donnent mandat de les représenter, et supposant que cette assemblée eût été justement convoquée pour constituer une hypothèque, fallait-il que le mandat ainsi donné fût notarié ?

La jurisprudence décidait que non (3) et en cela elle manquait de conséquence avec ses principes plus haut exposés. En effet, ce mandat de l'actionnaire était la cause originaire de l'hypothèque, et en vertu du principe que tout mandat, pour passer un acte authentique, doit être authentique, il aurait fallu exiger un pouvoir notarié.

Une telle décision eût été bien gênante ; aussi les inconvénients pratiques l'avaient fait repousser ; elle

---

(1) En ce sens, Lyon-Caen et Renault, appendice au t. II de leur *Traité de droit commercial*, 1894, p. 37. — Bouvier-Baugillou. *La législation nouvelle sur les sociétés, commentaire de la loi du 1er août 1893*, 1894, p. 184.

(2) Bouvier-Baugillou. *Id.*, p. 184.

(3) Cass., 23 décembre 1885, S., 1886, 1, 145.

eût exposé les sociétés à des nullités trop fréquentes ;
il eût suffi d'un seul mandat sous-seing privé, au milieu parfois de centaines d'autres authentiques, pour
permettre de faire annuler l'hypothèque.

Aussi la jurisprudence a-t-elle reculé, et elle a en
cela été approuvée par les auteurs les plus considérables (1).

Aujourd'hui, la question nous semble résolue par la
loi nouvelle, bien qu'elle n'en dise rien, *in terminis*.
En effet, si l'authenticité n'est plus requise pour l'acte
de délibération même, conférant le pouvoir d'hypothéquer, elle ne peut pas l'être évidemment pour le
mandat de participer à cette délibération. Il y a là un
argument suffisant pour nous éviter d'en chercher
d'autres, bien qu'il en existe (2).

Nous ne pouvons qu'approuver l'heureuse innovation ainsi apportée par cette loi de 1893 ; l'institution
des obligations hypothécaires au porteur en recevra
un développement considérable ; car, en présence des
facilités qui leur sont offertes, les sociétés n'hésiteront
plus à constituer des hypothèques pour attirer à elles
des capitaux qui viendront avec d'autant plus d'em-
pressement que les prêteurs verront leurs titres garantis par des sûretés réelles inattaquables.

C. — La loi du 1er août 1893 a encore eu une conséquence favorable, relative à la ratification possible
de l'acte constitutif d'hypothèque.

Il pouvait arriver que des gérants ou des adminis-

______

(1) Lyon-Caen et Renault. *Traité de droit commercial*, 2ᵉ édit.,
t. II, n° 587.—Thaller. *Annales de droit commercial*, 1886-1887,
2ᵉ partie, p. 11.

(2) Lyon-Caen et Renault. Appendice aut. II, p. 37.— Bouvier-
Baugillou. *La législation nouvelle sur les sociétés*, p. 184.

trateurs, n'ayant reçu aucun mandat, en vertu des statuts ou d'une délibération, consentissent néanmoins une hypothèque au profit d'obligataires. Il pouvait encore arriver qu'une hypothèque eût été consentie en vertu d'une délibération ordinaire non authentique.

Dans ces deux cas, la jurisprudence décidait que la ratification par l'assemblée des actionnaires ne validait l'hypothèque qu'autant que la délibération contenant cette ratification était notariée. C'était toujours la conséquence forcée et logique du principe que le mandat à l'effet d'hypothéquer doit être authentique, car une rectification n'est en somme qu'un mandat donné après coup.

Mais depuis la nouvelle loi et par application de ce que nous avons dit du mandat, il faudra décider maintenant que cette rectification pourra être donnée dans une assemblée ordinaire, hors la présence d'un notaire.

Cette loi de 1893 a comme on le voit une grande importance au point de vue de l'institution de l'obligation hypothécaire au porteur.

D. — Enfin, reste à résoudre un dernier point, relatif au rôle de l'obligation.

Nous avons dit que l'obligation devait être acceptée par le créancier. Une hypothèque créée par le débiteur tout seul serait chez nous antijuridique et constituerait un retour aux cédules de la loi de messidor an III, qui a été abrogée.

Mais cette acceptation, nous avons déjà eu l'occasion de l'énoncer, peut intervenir sous une forme quelconque. Il n'est pas nécessaire pour cela de faire intervenir un notaire. L'article 2127, qui règle la solennité du contrat d'hypothèque, ne prescrit la forme notariée que pour l'acte par lequel l'hypothèque est *consentie;* or, qui consent l'hypothèque ? c'est le débiteur seul ; le créancier, lui, ne fait que la recevoir, et si le premier a besoin d'être protégé pour les causes que nous avons rapportées plus haut, il n'en est pas de même pour le second (1).

Il n'est donc pas nécessaire que l'acceptation du créancier soit consignée dans un acte notarié ; c'est du moins l'opinion de la grande majorité des auteurs et de la jurisprudence (2).

La conclusion à tirer est que, comme nous l'avons déjà indiqué, les obligataires n'ont pas besoin d'accepter l'hypothèque dans l'acte de constitution, ni même de passer d'acte pour cela ; ils pourront le faire valablement par la simple souscription aux obligations et par la prise de possession des titres.

Telles sont les conditions requises pour la création des obligations hypothécaires au porteur. On voit qu'il est désormais facile de les remplir ; quant aux objections soulevées, nous croyons les avoir suffisamment réfutées.

§ 7. — Lots et primes.

Nous avons, dans les considérations économiques que contient la première partie de ce travail, fait allusion aux obligations émises par la Société du Crédit

---

(1) Gillard. *De la constitution de l'hypothèque conventionnelle,* p. 474.

(2) Paul Pont. *Privilèges et hypothèques,* n° 659.— Martou. *Des hypothèques,* t III, n° 982 *ter.*—Aubry et Rau, t. III, n° 266, p. 275, texte et note 51.—Thézard. *Des privilèges et hypothèques,* n° 58, 3°.

Foncier de France. On sait qu'à beaucoup de ces titres sont attachés des primes et des lots. Prime veut dire qu'il existe une différence entre le capital réellement versé et le montant nominal auquel l'obligation sera remboursée. Quant aux lots, ce sont des sommes d'argent qui, à des époques déterminées, sont, au moyen de tirage au sort, attribuées à un certain nombre d'obligations, dont les numéros sortent à cette espèce de loterie.

La question qui se présente est celle de savoir si un particulier ou une société peut émettre des obligations hypothécaires au porteur, remboursables avec primes et lots.

Pour la résoudre, il faut analyser l'opération. C'est ainsi qu'on a soutenu que ces primes et lots constituaient à côté du contrat d'obligation un autre contrat distinct, de forme aléatoire ; une espèce de contrat *sui generis* parfaitement licite, en vertu du principe de la liberté des conventions qui autorise tout ce qui n'est pas prohibé par la loi.

D'autres n'ont vu là qu'une seule et même opération et qu'un contrat ou obligation unique de prêt à intérêts avec aggravation de charges. Et comme chez nous ce genre de contrat est régi par des règles, on a dit qu'il fallait simplement appliquer ces règles et rechercher notamment si le taux d'intérêts n'était pas dépassé et si l'on ne tombait pas dans l'usure.

La question pourra ne pas se poser, si celui qui émet les obligations est commerçant, puisqu'une loi du 12 janvier 1886 a rétabli, en matière commerciale, la liberté du taux d'intérêts en abrogeant les lois du 3 septembre 1807 et du 19 décembre 1850. Mais il n'en sera pas de même si l'on se trouve en présence d'un non-commerçant, car alors ces deux dernières lois restent en vigueur, c'est-à-dire qu'il y a un taux d'intérêts légal (et qui est par an de 5 %₀ du capital) qu'on ne peut dépasser sous peine de tomber dans le délit d'usure.

Or, les lots et primes s'analysent en somme et sont considérés comme une accumulation d'intérêts. Il y aura dès lors un calcul à faire pour voir si cette accumulation, jointe aux intérêts eux-mêmes, ne dépasse pas le taux légal. C'est ainsi par exemple que si l'intérêt stipulé n'est que de 3 %₀, et si l'accumulation ou aggravation des intérêts résultant de ces primes et lots n'est que de 2 %₀, on n'aura rien à dire, puisqu'on ne dépasse pas le maximum légal; mais il en sera autrement si ces limites sont enfreintes.

Quant aux lots, ils soulèvent en outre une autre question, car il est difficile de ne pas y voir les éléments d'une loterie ; or, les loteries sont prohibées par la loi du 21 mars 1836 et si la Société du Crédit Foncier de France, certains autres établissements et diverses villes ont pu et peuvent encore faire autrement, c'est qu'ils y ont été autorisés par des lois toutes spéciales.

Il en résulte que les obligations à lots sont prohibées comme constituant une loterie, et que les obligations à primes ne sont permises qu'autant que la prime jointe à l'intérêt ne dépasse pas le taux légal. Telle est l'opinion généralement admise en doctrine et en jurisprudence (1).

-----

(1) V. Cass. 14 janvier 1876, S. 1876, 1,433. Sur l'analyse du contrat d'obligation v. M. de l'Epine : *De l'emprunt par voie d'obligations*, chap. II.

Tout cela s'applique sans le moindre doute (sauf pour les commerçants) aux obligations hypothécaires au porteur; inutile d'insister.

CHAPITRE IV

INSCRIPTION DE L'HYPOTHÈQUE GARANTISSANT LES OBLIGATIONS AU PORTEUR.

C'est à propos de l'inscription que les objections les plus vives ont été dirigées contre l'obligation hypothécaire au porteur.

L'article 2140 du Code civil, dit-on, exige que l'inscription contienne les nom, prénoms du créancier, son domicile, etc. Il faudra donc que l'inscription prise pour servir de base à l'obligation hypothécaire au porteur et marquer le rang de l'hypothèque, contienne la désignation individuelle du ou des créanciers. Or, il est ou il sera impossible de remplir cette condition en présence des difficultés qui naîtront de la multiplicité des personnes souscrivant à l'émission :

1° On ne peut laisser à chacun des preneurs le soin de prendre cette inscription individuelle ; il y aurait ou des oublis ou des erreurs et des différences de rang hypothécaire, pour le cas où toutes les inscriptions ne seraient pas prises le même jour. En un mot, ce serait un véritable chaos.

2° Admettant qu'on ne prenne qu'une inscription

collective, il est impossible d'y faire figurer les nom, prénoms, etc , de tous les obligataires, qui seront parfois au nombre de plusieurs milliers, et qui en tous cas ne seront connus qu'après la clôture de la souscription.

Donc, conclut-on, faute d'inscription régulière, l'hypothèque garantissant les obligations au porteur ne peut produire aucun effet et notre institution est mort-née.

Nous pourrions répondre tout d'abord que cette objection vise uniquement l'inscription et non la constitution même de l'hypothèque, qui reste inattaquable. Mais cette réponse ne vaudrait pas grand'chose, car il est bien certain qu'une hypothèque, même valablement constituée, ne peut produire un résultat utile que si elle est inscrite régulièrement et par là opposable aux tiers.

Il faut donc rechercher si la pratique, inquiète à juste titre de cette situation grave, n'a pas imaginé des moyens, qui après avoir validé la constitution d'hypothèque, valideraient aussi l'inscription. Ces moyens ont été trouvés; ils existent, ils nous sont même connus. Ils consistent dans la création d'une société d'obligataires ou d'un syndicat, ou dans la constitution de représentants de ces obligataires. Par ce moyen, l'inscription hypothécaire arrivera à être prise en leur nom et sans que les porteurs d'obligations aient à s'en préoccuper. Le problème semble donc encore résolu sur ce point; cependant, on va voir que nous ne sommes pas au bout de nos peines, car on va contester maintenant la légalité de cette société d'obligataires. C'est une nouvelle ère de difficultés qui s'ouvre devant nous pour nous accabler de rechef.

Ne nous laissons pas néanmoins arrêter et voyons ce que valent ces objections.

§ 1er. — Création d'une société d'obligataires.

Le premier procédé, avons-nous dit, consiste à créer une société d'obligataires d'après la formule B signalée plus haut.

Cette société sera chargée de pourvoir à tous les intérêts des obligataires et notamment de prendre l'inscription hypothécaire.

De cette façon, l'inscription portera l'indication du nom, du domicile et de la société d'obligataires et l'article 2148 sera observé.

Voilà, dans sa simpilicité, la réponse à l'objection faite. On va voir qu'elle n'est pas suffisante, car on a contesté :

1° La validité de l'existence de ces sociétés ;

2° Leur utilité.

Pour l'utilité, on a dit qu'il y avait possibilité de constituer des représentants directs des obligataires, sans avoir besoin de recourir à la création d'une société, qui est toujours une machine compliquée et lourde à manœuvrer.

L'observation est peut-être exacte, mais il n'en résulte pas qu'il faille supprimer radicalement pour cela ce procédé. Il vaut mieux laisser à la disposition des praticiens plusieurs moyens d'agir ; ce sera à eux à choisir le plus commode et le plus avantageux.

Quant à la validité de l'existence de ces sociétés, on l'a attaquée avec acharnement. M. Labbé a soutenu « qu'en ce qui concerne l'observation de l'article 2148 du Code civil, ce procédé était absolument sans vertu (1). »

M. Labbé niait tout d'abord d'une façon absolue qu'il y eût là matière à société. Où sont les apports, disait-il; où est l'avantage commun acquis ou poursuivi. On aperçoit seulement des personnes qui s'entendent pour accomplir en même temps, plus économiquement, une formalité conservatoire de leurs droits individuels demeurés distincts.

Quelle que soit l'autorité qui s'attache aux dissertations toujours savantes du regretté M. Labbé, nous ne pouvons souscrire aux critiques qu'il formule.

Pour nous, l'intérêt des obligataires à se réunir et à s'associer est évident. Ils ont des droits communs à faire valoir; ils ont notamment à obtenir la réalisation de la garantie hypothécaire promise à leurs obligations, et leur association contient bien les conditions voulues pour fonder une société. En effet, les apports, c'est la qualité d'obligataire au porteur et de créancier hypothécaire, c'est l'hypothèque collective dont on doit leur faire attribution. Voilà la mise. Quant à l'avantage commun, c'est l'application de cette hypothèque à chacun des numéros de leurs obligations.

Donc, la société existe valablement, et M. Labbé finit par le reconnaître. Admettons, dit-il, qu'il y ait les éléments d'une société. Mais, objecte-t-il alors, est-ce que la société devient seule et unique créancière et titulaire de l'hypothèque ? Non assurément, dit M. Labbé, car « nul n'en a la volonté ».

Cette assertion est contraire à tout ce que nous savons déjà des sociétés civiles d'obligataires. Le but

(1) *Note* dans S., 1879, 2, 313.

que l'on cherche en les constituant est précisément de leur attribuer l'exercice du droit hypothécaire, à l'exclusion de l'action individuelle des obligataires. Dans la formule B, que nous avons citée plus haut, il est dit expressément que « les souscripteurs ou propriétaires d'obligations *ne pourront individuellement exercer aucune action* contre la société débitrice, *ni prendre individuellement aucune inscription hypothécaire* contre elle ou ses administrateurs. *Tous les droits et garanties à exercer ne pourront l'être que par les administrateurs de la présente société* ﹙*d'obligataires*﹚ et dans les termes exprimés en cet acte ».

Voilà dans quels termes la pratique a créé ces sociétés d'obligataires. La remarque de M. Labbé n'eût évidemment pas été faite par lui, s'il avait eu sous la main, comme nous, des formules d'actes qui forment les documents vivants sur lesquels nous raisonnons et nous travaillons en ce moment.

Le savant maître terminait son étude par une objection qui a été pendant longtemps plus embarrassante. Admettons encore, disait-il, que la société d'obligataires résume et confonde en elle les créances et les hypothèques, cependant une *société civile n'est pas une personne morale.* Pour la désigner, il faut indiquer les individus qui la composent. Nous n'avons rien gagné, concluait M. Labbé, et nous retombons dans le même embarras et la même impossibilité de faire profiter de l'inscription tous les obligataires présents et futurs.

Il faut reconnaître que nous touchions là au point vraiment délicat de la discussion.

La question de savoir si les sociétés civiles constituées, conformément au Code civil, forment des personnes morales, est bien discutée. L'affirmative est même fort contestable. Pourtant, l'objection de M. Labbé ne produit pas sur les sociétés d'obligataires un effet aussi destructif qu'on pourrait le craindre.

En effet, sans rechercher autrement si cette association présente tous les caractères d'une société civile proprement dite, on peut dire, sans crainte d'être démenti, que l'acte qui crée cette association confère, et cela d'une façon valable à son directeur, *le mandat* de représenter ses associés dans les limites de l'intérêt mis en commun.

Les obligataires en se groupant ainsi sont à *l'état de mandant constituant un mandataire.*

Ce mandataire, le directeur de la société d'obligataires, peut donc accepter l'hypothèque et l'inscrire, car un tel acte rentre dans les limites de son mandat.

Mais comme il n'y a pas là une personne morale ; qu'il y a une simple collectivité n'ayant pas d'existence distincte de celle de ses membres, l'hypothèque ni l'inscription ne peuvent profiter à cette collectivité. Aussi, au lieu de prendre l'inscription au profit de cette collectivité, et d'autre part, en présence de l'impossibilité d'inscrire les noms de ses milliers de mandants, le mandataire prendra tout simplement inscription à son nom.

Tel est le raisonnement à faire qui permet de maintenir l'existence d'une société civile d'obligataires sans avoir à rechercher si oui ou non elle constitue une personne morale.

Il nous a été inspiré par la lecture de l'arrêt de la Cour de cassation du 3 décembre 1889 (1).

____

(1) Cass., 3 décembre 1889 ; S., 1891, 1, 525. On pourra voir

Cette décision fort importante semble mettre fin à toute discussion ; c'est la consécration pleine et entière du système, puisqu'elle reconnaît comme légale l'acceptation faite par le directeur de cette société civile d'obligataires de l'hypothèque conférée à la sûreté des obligations.

Le seul reproche qui pourraît être fait à ce procédé est qu'il revient en quelque sorte simplement à la constitution d'un mandataire des obligataires, et c'est ainsi que peut se résumer l'arrêt de la Cour de cassation précité (1). Dès lors, pourquoi ne pas s'en tenir à cette constitution de mandat, si c'est suffisant, sans former de société. C'est que la création de cette société ne doit pas être regardée comme une complication inutile. Bien que n'étant pas juridiquement indispensable, puisqu'elle peut être remplacée par le second procédé, qui sera examiné plus loin, elle pourra rendre plus de services que de simples représentants. D'abord, des mandataires ordinaires constitués sans société présentent toujours un caractère de fragilité qui n'atteindra pas une société ; ils peuvent tomber en faillite, devenir incapables par suite de folie ou de condamnations judiciaires, ils sont mortels. L'acte, il est vrai, peut leur donner le droit de pouvoir désigner directement d'autres représentants, à leur lieu et place, mais ce droit disparaît s'ils deviennent incapables. Il

aussi un arrêt de la Cour de cassation du 26 mars 1878, D., 1878, 1, 303, décidant que les porteurs d'obligations d'une même société peuvent constituer une société civile pour agir en justice sous le nom de l'un d'eux. Si cette association ne constitue pas une société civile proprement dite, elle peut du moins valablement équivaloir à un mandat.

(1) Houpin. *Note* sous l'arrêt de la Cour de cassation du 3 décembre 1889, dans le *Journal des sociétés*, 1889, p. 307.

y aurait bien un moyen de parer à cela, en nommant
un certain nombre de représentants, avec droit pour
eux de pouvoir agir, pourvu qu'ils soient au nombre
de tant et sans qu'il soit nécessaire du concours de
tous. Mais alors, il faudrait que le nombre de ces
représentants fût assez considérable ; leur nombre
seul équivaudrait à celui d'une société, et justement
on ne veut pas d'une société. On en aurait les inconvénients sans en avoir les avantages. En effet, dans une
véritable société, la collectivité reste davantage maî-
tresse d'elle-même ; de plus, la périodicité des assemblées générales, les rapports qu'y doivent présenter
les administrateurs assurent aux affaires une marche
plus régulière que lorsqu'il s'agit de simples mandataires qui, eux, n'ont pas ce contact régulier et pério-
dique avec leurs mandants (1).

On peut dans l'acte de société limiter les pouvoirs
des administrateurs et soumettre à une autorisation préalable l'accomplissement de certains actes
graves, tels par exemple que les mainlevées partielles
ou définitives de l'inscription ; vis-à-vis de simples
mandataires, ces restrictions dans leur mandat pourraient éveiller des susceptibilités qui n'auront pas
lieu de se produire s'il s'agit d'une société où tout
revêt davantage un caractère impersonnel.

Une société civile présente donc certains avantages
sur la constitution de simples mandataires. Toutefois,
il faut reconnaître qu'elle est privée du principal, qui
est la personnalité juridique ; il en était du moins
ainsi avant la nouvelle loi.

(1) Article anonyme dans le *Journal des notaires*, 1877,
p. 644.

Mais cette situation n'existe plus maintenant qu'autant qu'on veut bien la conserver. La loi du 1er août 1893, dont nous avons déjà eu l'occasion de parler longuement, a en effet apporté sur ce point des modifications capitales.

En effet, le nouvel article 68 ajouté à la loi de 1867 porte que « *quel que soit leur objet,* les sociétés en commandite ou anonymes qui seront constituées dans les formes du Code de commerce ou de la présente loi, seront commerciales et soumises aux lois et usages du commerce ».

Cela met fin, et coupe court tout au moins, aux discussions passionnées qu'a soulevées la question de la personnalité morale des sociétés civiles. Dans ces derniers temps du reste, la Cour suprême avait modifié sa jurisprudence (1). Nous laissons de côté les doctrines (2).

Il résulte des dispositions de ce nouvel article 68, qu'aujourd'hui toute société, quelle qu'elle soit, peut être commercialisée et peut devenir ainsi une personne morale ; la question reste cependant encore discutable (3) pour les sociétés qui, ayant un objet civil, sont en nom collectif ou en commandite par intérêts. Une société d'obligataires, qui serait constituée, même actuellement, dans les termes de notre formule B, resterait civile et ne jouirait pas de la personnalité morale.

La conséquence de ce qui précède nous semble

---

(1) Cass., 23 février 1891 ; D., 1891, 1, 337.

(2) V. notamment Lyon-Caen et Renault : *Traité de droit commercial,* 2e édit., t. II, nos 132 et 1084.

(3) Lyon-Caen et Renault. Appendice au t. II de leur *Traité de droit commercial,* p. 35.

aussi claire qu'importante à l'égard de notre sujet. Désormais, pour donner à leur société le caractère commercial et par suite la personnalité morale, les porteurs d'obligations n'auront qu'à se constituer en société par actions. Le capital de cette société sera représenté précisément par les obligations. On n'aura qu'à stipuler que les actionnaires libéreront leurs actions au moyen des obligations, autrement dit, ils payeront en monnaie d'obligations prises comme espèces. La loi veut en effet que les actions soient libérées pour le tout, ou seulement pour le quart, suivant les cas ; elle veut en outre que le versement du capital soit effectif, mais elle n'exige pas qu'il soit nécessairement opéré en espèces. Une clause des statuts peut réserver à tous les actionnaires la faculté de se libérer en effets de commerce ou valeurs de Bourse (1).

On pourrait encore employer une autre combinaison et dire que toutes les actions de la société d'obligataires seront des *actions de fondation,* représentant des apports en nature, et ces apports en nature seraient les obligations elles-mêmes. Or, il n'y a aucun obstacle légal à ce que tous les apports des actionnaires soient des apports en nature. C'est ce qui a lieu par exemple lorsqu'une société en nom collectif se transforme en commandite par actions sans faire appel au public (2).

Il y a donc, comme on le voit, toutes les facilités voulues pour constituer entre les obligataires une société qui ait une personnalité morale incontestable; une fois créée, il n'y aura plus qu'à prendre l'inscrip-

---

(1) Lyon-Caen et Renault. *Précis de droit commercial,* 1re édit., t. I, p. 212, texte et note 4.
(2) *Id. Précis*, t. I, p. 218, nº 423 et p. 184, nº 376.

tion de l'hypothèque à son nom, et cette fois, on aura pleinement satisfait aux exigences de l'article 2148 du Code civil.

Il ne peut plus subsister d'objections. L'inscription prise sera pleinement valable, et toutes les obligations hypothécaires au porteur en bénéficieront.

Puisque les formules sont un puissant moyen pour permettre de bien saisir le mécanisme d'un système, nous en avons proposé une qui s'appliquera à la formation d'une société d'obligataires en commandite par actions (1).

La création d'une société d'obligataires aboutit à résoudre les difficultés par leur suppression. En effet, nous aboutissons à une inscription qui va être prise au nom d'une personne morale, représentant une collectivité, c'est vrai, mais n'en fonctionnant pas moins comme personne unique, les obligations au porteur ne jouent plus ainsi aucun rôle dans le fonctionnement de l'hypothèque.

Avec votre procédé, va-t-on nous dire, vous avez tourné la difficulté, mais vous ne l'avez pas résolue. C'est déjà, on en conviendra, un résultat sérieux et dont on pourrait se contenter; mais nous ne voulons pas fuir la discussion, et pour cela, nous allons examiner un second procédé, qui consiste à constituer des représentants des obligataires. Dans ce cas, les porteurs ne sont plus supprimés par une société qui les remplace, ils conservent leur existence propre; voyons comment cela va fonctionner.

(1) Voir au cahier des formules, la formule E.

§ 2. — Constitution de représentants des obligataires.

Comment, dans ce cas, l'inscription sera-t-elle prise ?
Comment va-t-on satisfaire aux prescriptions si précises et rigoureuses de l'article 2148 du Code civil
pour désigner individuellement les créanciers. Il y a
impossibilité, semble-t-il, puisque ces créanciers chan-
gent à chaque instant et ne pourront pas être connus
avant le jour du paiement de l'obligation, alors que le
titre aura cessé de circuler.

L'inscription, nous le savons et c'est parfaitement
exact, ne peut pas être valablement prise sous cette
seule désignation vague « *pour et au profit du porteur* ». Il faut quelque chose de plus net, il faut qu'il
y ait le nom d'une personne determinée. C'est ce que
la jurisprudence a décidé depuis longtemps (1).

En exigeant les mentions qu'il énumère, l'art. 2148
a visé un double but : il a voulu satisfaire le
principe de la spécialité de l'hypothèque et aussi de sa
publicité. Il veut que l'hypothèque soit inscrite sur
certains immeubles déterminés et pour une somme
déterminée, de façon que les tiers puissent, en consul-
tant l'état des inscriptions, facilement se rendre compte
de la situation hypothécaire du débiteur.

Par suite, toutes celles des dispositions de notre article 2148, qui auront trait à la spécialité et à la publicité, devront être considérées comme substantielles.
Toutes celles au contraire qui auront un autre but
pourront être considérées comme non substantielles.

(1) Poitiers, 15 décembre 1829; *Recueil* de Sirey, t. IX,
1828-1830, II, 360.

Le seul point à déterminer est donc de savoir dans quelle catégorie on doit ranger la désignation du créancier, c'est-à-dire quel est le but visé par cette désignation.

Il n'est pas difficile à déterminer. La loi a voulu que le créancier fût connu : 1° dans son intérêt même, pour qu'il puisse recevoir toutes les notifications que le débiteur ou le tiers détenteur de l'immeuble hypothéqué pourront avoir à lui faire ; 2° dans l'intérêt de ce débiteur ou détenteur lui-même, pour qu'il puisse faire à qui de droit les notifications ou significations, notamment en cas de purge.

Ce second intérêt sera satisfait, si l'inscription contient le nom d'une personne et un domicile, où les notifications pourront être adressées. Et cette mention peut être mise dans l'inscription par celui qui la prendra, mais il n'est pas nécessaire que cette formalité soit remplie par le créancier véritable lui-même.

Les exemples sont nombreux où l'inscription est prise par tout autre que l'intéressé ou le bénéficiaire lui-même ; notamment en matière d'hypothèque légale, les inscriptions sont souvent prises pour la femme mariée ou le mineur par un ami, un étranger même, agissant sans mandat, comme simple *negotiorum gestor*.

Quant au bénéficiaire actuel ou véritable, il pourra se faire qu'il ne figure pas dans l'inscription, qui mentionnera soit le nom du créancier originaire, soit même le nom de quelqu'un étranger à l'inscription. Cela arrivera notamment lorsque le bénéficiaire actuel, par suite d'une cession et d'une subrogation dans l'hypothèque, aura omis de faire mentionner sur le registre des hypothèques son nom aux lieu et place du nom du cédant. En résultera-t-il pour cela une atteinte à la validité de l'hypothèque et de l'inscription, nullement; le bénéficiaire seul pourra avoir à en souffrir, en ce sens que si des notifications ou significations sont faites, elles seront adressées au domicile du créancier mentionné dans l'inscription, en sorte que le bénéficiaire véritable pourra les ignorer et être laissé complètement en dehors de la procédure; mais c'est tout; la procédure sera parfaitement valable et régulière. La désignation du véritable créancier ne constitue donc pas une énonciation substantielle de l'inscription.

Tel est le système de la jurisprudence; elle n'annule l'inscription qu'en cas d'omission d'une énonciation substantielle; or, la Cour de cassation ne range pas parmi elles la désignation du véritable créancier.

Sans doute, il faut une désignation de créancier, mais il n'est pas indispensable que ce soit celle du créancier véritable.

L'inscription peut donc être prise par un tiers, un mandataire, un gérant d'affaires, même en son nom, en passant sous silence le nom du véritable créancier (1).

D'après un autre système, la sanction de l'article 2148 est que la nullité résultant de l'irrégularité dépend de l'intérêt que peut avoir la personne qui en argue. Point de nullité sans grief, dit-on. Une inscription irrégulière ne sera nulle que si une personne a intérêt à invoquer cette nullité. En l'espèce, quand l'inscription contient la désignation d'un tiers, qui

(1) En ce sens, Cass., 16 novembre 1840, S., 1840, 1, 961. — Cass., 6 juillet 1842, S. 1842, 1, 802. — Troplong. *Des privilèges et hypothèques*, t. VI, n° 679. — Aubry et Rau, t. III, n° 276, p. 350.

agit pour le créancier, sans le nommer, si aucune action n'a été intentée contre ce tiers, la question de
nullité ne s'élève pas. Si une action a été intentée
contre le tiers désigné dans l'inscription, le créancier
non déclaré est tenu de subir ce qui a été fait et jugé
contre son représentant.

Le principal est que les tiers aient connu l'hypothèque et aient pu faire des notifications à quelqu'un
ou agir contre quelqu'un : c'est là ce qui les intéresse
et rien de plus ; peu leur importe qu'au fond ce soit
Pierre au lieu de Paul qui soit le véritable titulaire de
l'hypothèque (1).

Nous n'avons pas à prendre parti entre ces deux
systèmes, puisqu'ils aboutissent au même résultat,
savoir : que l'omission du nom du véritable créancier
dans l'inscription est indifférente, pourvu qu'il y en
ait un de porté.

La conséquence est claire pour l'obligation hypothécaire au porteur. Pour qu'elle soit régulièrement
inscrite, il suffit qu'une personne figure nommément
à titre de créancier dans l'inscription. Celle-ci profitera ensuite à tous ceux qui deviendront ultérieurement porteurs du titre constatant l'obligation.

L'inscription pourra ainsi être prise par le premier
porteur, qui déclarera agir en cette qualité et en
même temps comme gérant d'affaires pour les futurs
porteurs (2).

(1) Dans le sens de ce second système, v. Labbé, *Note* dans
Sirey, 1879, 2, p. 314.

(2) Fidèle à notre programme, nous mentionnons ici encore,
pour éclairer la discussion, une formule empruntée à la pratique
et tirée du *Traité pratique et formulaire du notariat*, de Defrénois, t. IV, p. 414. Cette formule concerne un bordereau

S'il s'agit d'une émission de nombreuses obligations, faite par une société, on a vu qu'on peut constituer un représentant à tous les obligataires, qui prendra l'inscription pour les porteurs présents et futurs (1).

La désignation individuelle de ce tiers suffit à rendre l'inscription régulière. S'il y a eu mandat, c'est à titre de mandataire qu'il a agi ; s'il n'y en a pas eu de donné, il est alors porté gérant d'affaires des obligataires. L'inscrivant faisant élection de domicile s'offre comme devant recevoir les sommations, notifications, significations, etc., qui pourront être à faire.

Les obligataires acceptent et ratifient tacitement cette situation, fort régulière du reste, par le seul fait qu'ils sont porteurs du titre. D'autant mieux, qu'on prend soin de dire dans les actes constitutifs, et ce sera même imprimé sur les titres, que le seul fait d'être détenteur d'une obligation emporte pleine adhésion à tout ce qui s'est fait et pourra se faire.

De la sorte, les porteurs sauront parfaitement à quoi s'en tenir ; il n'y aura pas de surprise pour eux.

Une jurisprudence constante a consacré la validité de ce procédé, et il suffit de se reporter aux décisions rendues, pour se faire une idée de l'importance pratique de la solution admise.

Nombre de décisions ont déclaré que l'hypothèque consentie dans un acte d'emprunt, fait sous forme

d'inscription prise en vertu d'une obligation hypothécaire au porteur. Elle figure au cahier des formules sous la lettre F.

(1) Nous mentionnons à la fin du cahier des formules, sous la lettre G, la formule d'un bordereau d'inscription d'hypothèque prise pour les obligations d'une société. Cette formule, qui correspond au cas de la formule D, est tirée de l'ouvrage précité de M. Defrénois, t. IV, p. 415.

d'émission d'obligations au porteur, au profit d'un souscripteur primitif des obligations, stipulant tant en son nom personnel que comme représentant des porteurs futurs, non seulement est valable, mais que l'inscription prise au nom de ce souscripteur primitif en cette double qualité est régulière et doit profiter à tous les porteurs, bien que leur nom ne figure pas dans cette inscription (1).

C'est dans le même ordre d'idées que la jurisprudence a permis à un cessionnaire de prendre inscription au nom du cédant même dessaisi. Des héritiers peuvent aussi prendre inscription au nom du défunt (2).

Il a été décidé, spécialement à l'occasion d'emprunts de communes, que le maire d'une ville qui a fait un emprunt hypothécaire peut requérir lui-même l'inscription destinée à la garantie de cet emprunt, pour le compte des porteurs des obligations souscrites (3).

Et d'une façon générale, la jurisprudence reconnaît à un mandataire le droit de prendre inscription en son nom personnel (4).

---

(1) V. notamment Aix, 8 avril 1878, S., 1879, 2, 313, décision rendue à propos d'une inscription prise par un gérant d'affaires au profit d'obligataires hypothécaires à ordre.—Paris, 15 mai 1878, et Cass., 29 juin 1881, S., 1883, 1, 218. — Douai, 12 mai 1880; D., 1882, 2, 243. — Bourges, 8 mars 1888, *Pandectes françaises*, 1888, 2, 161. — Lille, 30 juillet 1880, *Journal des sociétés*, 1889 et sur appel, Douai, 20 janvier 1881 ; D.,1882, 2, 21 et sur pourvoi, Cass., 19 février 1884; *Journal des sociétés*, 1888, 480. — Lyon, 6 mai 1886 ; Cass., 3 janvier 1888 ; *Journal des sociétés*, 1888, 642.

(2) Cass., 16 novembre 1840, S., 1840, 1, 961.

(3) Aix, arrêt précité, du 8 avril 1878; S., 1879, 2, 313.

(4) Cass., 6 juillet 1842, Sirey, 1842, 1, 802.

On voit que notre solution est loin d'être isolée.

Nous devons ajouter que c'est celle qui est consa-crée par la plupart des législations étrangères. Elles admettent en général qu'un représentant constitué des obligataires prendra l'inscription. Telle est notam-ment la disposition de la remarquable loi de Bruns-wick (1).

Le résultat de ce que l'inscription est prise par un mandataire ou un gérant d'affaires, est que c'est au domicile élu par ce mandataire ou gérant que les somma-tions et notifications seront faites. Si l'obligation hypothécaire est passée entre les mains de nombreux porteurs, le créancier détenteur actuel du titre pourra ignorer ces sommations. Il y a là un danger pour lui, suffisant pour détourner le public de notre institu-tion. Il est donc indispensable que le créancier puisse à tout moment se renseigner sur la procédure, et savoir s'il a été fait quelque chose qui l'intéresse.

A cet effet, le moyen le plus simple, et dont on use en pratique, est de reproduire sur les titres d'obliga-tions les mentions principales de l'inscription, et mieux encore d'en donner la copie entière. De cette façon, le porteur aura sous les yeux les renseignements qu'il désire avoir, ou saura tout au moins où se les pro-curer. Ainsi, en ce qui concerne la procédure, il con-naîtra le domicile où les pièces doivent être notifiées ou signifiées ; il n'aura qu'à s'y adresser pour être aussitôt renseigné, et en cas de saisie ou de purge, il pourra suivre pas à pas toutes les opérations.

Le problème de l'inscription est cette fois complè-tement résolu.

(1) *Annuaire de législation étrangère*, 1881, p. 265.

M. Labbé, qui est le grand défenseur de l'inscription hypothécaire par mandataire, a formulé des énon-
ciations qu'il est bon de rappeler.

Il admet que l'inscription peut être prise, non seulement par un tiers, mais par le débiteur lui-même.
Nous sommes de cet avis ; mais c'est à la condition,
bien entendu, que le débiteur devenant ainsi l'inscrivant, désignera dans l'inscription un créancier, qui ne
sera pas le débiteur lui-même, cela va sans dire, et
que ce créancier ait un domicile élu.

En un mot, le débiteur ne peut faire tout seul l'opération ; il faut qu'il ait en face de lui un créancier,
fût-il simplement provisoire, fût-ce même un homme
de paille, qui accepte l'hypothèque, et une fois cette
acceptation faite, rien ne défend au débiteur d'aller
inscrire lui-même, pour le créancier, l'hypothèque
constituée (1).

Mais ce n'est pas ce que suppose M. Labbé, et nous
ne pouvons le suivre sur le terrain où il s'engage. Il
admet que l'inscription peut être prise, même « tant
que l'hypothèque n'est qu'un projet conçu par le débiteur, non encore converti en convention irrévocable
par l'adhésion du créancier. Si l'on craint, ajoute-t-il,
de *s'aventurer ainsi* dans le système, excellent à notre
avis, *mais peut-être extra-légal, des prénotations,* la
seule conséquence à tirer de là, c'est que l'inscription
serait retardée jusqu'au moment où les billets auront
trouvé des preneurs (2) ».

Il y a là des propositions tellement aventurées
qu'elles sont inadmissibles. Tout ce que nous rete-

(1) En ce sens, Paris, 22 avril 1835, S., 1835, 2, 373.
(2) *Note* dans le Recueil de Sirey, 1879, 2, 315.

nons, c'est que, d'après M. Labbé lui-même, son système est « peut-être extra-légal ». D'après nous, il l'est
certainement. Nous admettons que le débiteur peut
bien inscrire lui-même l'hypothèque, mais il ne pourra
le faire que lorsqu'il aura trouvé un créancier. Il ne
peut inscrire un simple projet d'hypothèque. Le système de M. Labbé aboutit en réalité au système de
l'hypothèque sur soi-même et des cédules hypothécaires de la loi de messidor an III. Le savant auteur
le reconnaît, et il essaye de sauver ses hardiesses par
des considérations d'utilité publique. On aurait alors
une hypothèque préconstituée et toute prête à corroborer des obligations qu'on contracterait plus tard, ou
des billets au porteur souscrits en blanc, que le débiteur aurait et porterait partout avec lui dans son portefeuille. Les danger de cela seraient immenses : tout
propriétaire aurait ainsi la valeur de ses immeubles
dans sa poche et pourrait la jouer, la dissiper en un
moment. Mais nous n'avons pas à nous en occuper
davantage, puisque ce mode de faire n'a rien de légal ;
il aboutit à la création d'une hypothèque sans créancier ; il heurte de front l'article 2148.

C'est loin de notre institution, où nous supposons
une dette préexistante à l'inscription ; nous n'admettons pas, nous le répétons, que le débiteur puisse inscrire l'hypothèque avant d'avoir trouvé un créancier,
et l'on ne saurait soutenir que si une inscription a été
faite par avance par le débiteur n'ayant pas encore
de créancier, la survenance ultérieure de celui-ci
puisse remettre les choses en l'état, sous prétexte que
son acceptation rétroagira au jour de la constitution
de l'hypothèque, et complétera ainsi la convention,
rendant ainsi l'acte parfait. Non ; l'hypothèque étant
mort-née ne saurait être vivifiée.

Reste un dernier point à éclaircir, concernant le mandat de représenter les obligataires : ce mandat est-il révocable, et admettant l'affirmative, cela ne va-t-il pas amener de la perturbation dans le fonctionnement de notre institution ?

On peut soutenir que ce mandat est irrévocable, malgré l'argument en sens contraire qu'on pourrait tirer de l'article 2003 du Code civil. En effet, on peut considérer qu'il a été stipulé comme condition essentielle de la création et de la souscription des obligations, et qu'il fait ainsi partie intégrante de l'opération. La situation de ces mandataires peut être comparée à celle des administrateurs statutaires de certaines sociétés, qui ne peuvent pas être révoqués (article 1856 du Code civil). Cet article fournit un argument décisif. Il peut se résumer ainsi : le mandat d'administrer donné par les associés à l'un d'eux ne peut être révoqué, parce qu'il est la condition d'une convention (qui est la convention de société) passée avec le mandataire lui-même ; une seule des parties ne peut ensuite modifier ni cette convention entière, ni l'une de ses clauses.

Il en est de même en notre espèce, et les obligataires seuls ne peuvent postérieurement modifier la situation en révoquant les mandats donnés (1). Et cela devrait s'appliquer, soit que le ou les mandataires fussent obligataires eux-mêmes, soit qu'ils fussent étrangers à l'opération.

Mais les actes, pour peu qu'ils soient bien rédigés, auront prévu le cas de révocation ou de démission des

____

(1) V. en ce sens Aubry et Rau, t. IV, n° 416, p. 652, et *article anonyme* dans le *Journal des notaires*, 1877, p. 643, 644.

mandataires ; il y aura alors uniquement à exécuter ce qui aura été prescrit. Et comme nous supposons, ainsi que nous l'expliquerons plus loin, qu'on a pris soin d'imprimer sur les titres les principales dispositions des actes, on y aura mentionné ce qui a rapport aux mandataires, en sorte que le porteur de l'obligation, devenu par le fait le mandant, saura dans quels termes il se trouve avec son mandataire.

Il convenait de dire quelques mots de la nature du mandat, car il joue un grand rôle dans notre institution, puisque c'est le mandataire (si l'on a adopté cette forme de représentation des obligataires) qui centralise et dispose entre ses mains de tous les droits et actions appartenant à tous les porteurs de titres ; il sera la cheville ouvrière de l'opération.

§ 3. — Mentions contenues dans l'inscription.

L'article 2148 du Code civil indique plusieurs mentions que doit contenir l'inscription hypothécaire.

La première à étudier était la désignation du créancier ; cette étude vient d'être faite dans les deux paragraphes précédents.

Les autres mentions de l'inscription ne présentent en général rien de particulier pour l'hypothèque garantissant des obligations au porteur. Il suffira de les passer rapidement en revue :

L'inscription doit contenir :

1° *Une élection de domicile.* Nous avons insisté plus haut sur cette élection de domicile, à propos de la désignation du créancier. En notre espèce, elle est

indispensable pour que les notifications et significations diverses puissent être faites. Nous n'avons donc
pas à rechercher si, en thèse générale et pour la
garantie d'une hypothèque nominative, cette élection
est prescrite comme formalité substantielle ou non.
En ce qui concerne l'obligation hypothécaire au porteur, nous l'exigeons comme formalité substantielle.
Nous avons même indiqué qu'il était utile de la
mentionner sur les titres d'obligation, de façon que
les porteurs successifs aient toujours à leur disposition un domicile où ils puissent se présenter pour
obtenir des renseignements sur la situation actuelle
de leur débiteur, société ou particulier, et des immeubles affectés en garantie.

2° *La désignation du débiteur*. Le débiteur devra
ici être désigné comme dans toute autre inscription.

3° *La date et la nature du titre*. C'est encore là
une mention qui devra être faite avec le plus grand
soin. D'une façon générale d'ailleurs, elle est exigée,
à peine de nullité (1); *a fortiori,* devons-nous admettre
cette nullité comme sanction, quand il s'agit de titres
au porteur. Il sera utile et même indispensable qu'il
soit fait sur les titres une mention spéciale des actes
avec le nom du notaire qui les aura reçus, de façon
qu'à toute époque les intéressés puissent aller les
consulter.

4° *Le montant du capital et des accessoires.* La
nécessité de cette mention est évidente ; elle se rattache à la spécialité de l'hypothèque. Elle devra donc
intervenir ici comme dans toute inscription. Il faut en
dire autant *de l'époque d'exigibilité des créances.*

(1) Aubry et Rau, t. III, p. 348, n° 276, note 15.

5° *La désignation des immeubles grevés.* Cette désignation a ici une importance toute spéciale, puisque l'hypothèque doit garantir un titre appelé à circuler fréquemment. Il faut que les cessionnaires du titre puissent se rendre compte, autant que le permet notre régime hypothécaire actuel, du gage qui leur est offert.

Les biens affectés en garantie aux obligations ne seront jamais trop désignés dans l'inscription, il ne faudra pas craindre d'entrer dans les détails. Mention de ces immeubles sera en outre faite sur les titres. On pourra alors dire que c'est véritablement un titre hypothécaire, s'il porte ainsi avec lui tous les renseignements utiles.

CHAPITRE V

CESSION DE L'OBLIGATION HYPOTHÉCAIRE AU PORTEUR.

L'obligation hypothécaire au porteur est créée ; l'inscription de l'hypothèque a été prise ; notre opération est terminée, et le titre va pouvoir désormais circuler, puisque telle est sa fonction, son rôle juridique et économique.

Quand il passera de main en main, la créance se trouvera cédée par la simple remise ou tradition, et sans qu'il y ait à observer les formalités prescrites par les articles 1690-1691 ; car, tel est le propre des titres au porteur. Mais il faut aller plus loin : l'hypothèque se trouvera cédée également et en même temps que la créance et profitera au nouveau porteur du titre.

On ne pourrait pas faire ici une objection qui a été faite à la transmission des obligations hypothécaires à ordre.

Pour celles-ci, on avait soutenu autrefois que l'endossement n'est admis par la loi que pour les matières commerciales ; les privilèges et hypothèques, droits purement civils, n'auraient pu être transmis par cette voie. Depuis longtemps cette objection a été réfutée. On a fait remarquer que ce n'est pas la nature, commerciale ou non, des droits à transmettre qui rend possible ou impossible la cession par endossement, c'est uniquement la forme du titre employé pour les constater. Une jurisprudence constante, contre laquelle il serait oiseux de vouloir s'élever, admet depuis de longues années la validité de la cession de l'hypothèque par endossement de la créance.

Mais un tel raisonnement n'est plus possible en notre espèce. La clause « au porteur » n'a en effet rien de particulièrement commercial. C'est un mode de pratique commun au droit civil comme au droit commercial. C'est donc sur le terrain des principes généraux, c'est-à-dire du droit civil, qu'il faut se placer pour examiner l'opération.

Il importe d'ailleurs de bien préciser la discussion. Nous ne voulons pas rechercher si l'hypothèque peut isolément être l'objet d'une cession au porteur. Ce que nous supposons, c'est une créance transmise avec l'hypothèque qui la garantit comme accessoire ; c'est en un mot ce que nous avons appelé, dans le titre de ce chapitre, la cession de l'obligation hypothécaire au porteur.

En ces termes, la négative nous paraît bien insoutenable.

En effet, un des caractères de l'hypothèque, nous l'avons expliqué plus haut, est d'être tout accessoire. Elle ne peut que suivre le sort de la créance garantie, et si la créance est transmise au porteur, elle se transmettra avec elle « *accessorium sequitur principale* », et pour employer des expressions encore plus exactes, nous dirons que la créance est transmise telle qu'elle se comporte. Avant la cession, c'était une créance hypothécaire, après la cession, ce sera encore une créance hypothécaire. Une solution contraire se heurterait au dilemme suivant :

Ou bien il faudrait dire que l'hypothèque s'éteint et que la créance cédée reste chirographaire. Mais alors, il y aurait violation formelle de l'article 1692; de plus, ce serait créer une cause d'extinction de l'hypothèque qui n'existe pas dans la loi.

Ou bien il faudrait dire que l'hypothèque n'a pas été transmise avec la créance, ce qui serait encore la violation de l'article 1692 ; on arriverait en outre à l'établissement d'une hypothèque subsistant *per se*, ne se rattachant plus à une créance ; résultat que nous avons déclaré inadmissible dans notre droit actuel.

Ou enfin il faudrait dire, que malgré la transmission, la créance hypothécaire n'est pas cédée ; ce qui aboutirait à subordonner d'une façon tout à fait incompréhensible le principal à l'accessoire (1).

Ainsi, le principe de l'article 1692 du Code civil consacre formellement le transport de l'hypothèque avec celui de la créance.

Une objection contre notre institution est tirée de l'article 2152 du Code civil; d'après cet article, le cessionnaire d'une hypothèque n'est admis à faire changer le domicile élu dans l'inscription qu'autant que la cession a eu lieu par acte authentique.

Analysons cet article et voyons d'abord ce que dit le texte, le voici : « Il est loisible à celui qui a requis

____

(1) Un raisonnement analogue a été fait pour les obligations hypothécaires à ordre par M. Challamel : *De la cession des créances hypothécaires*, p. 89.

une inscription, ainsi qu'à ses représentants ou *cessionnaires par acte authentique,* de changer, sur le registre des hypothèques, le domicile par lui élu, à la charge d'en choisir et indiquer un autre dans le même arrondissement ».

Il résulte, des termes mêmes employés par le législateur, que le Code civil n'impose pas au concessionnaire l'obligation de modifier le domicile élu dans l'inscription. C'est une simple faculté, une facilité accordée au créancier et à laquelle il est absolument libre de renoncer. Dès lors, on pourra dire qu'il a implicitement renoncé à cette faculté par le seul fait d'avoir accepté par une simple tradition la cession d'une obligation hypothécaire au porteur.

En effet, si l'on nous oppose que cet article 2152 édicte que seul le cessionnaire par acte authentique d'une créance hypothécaire peut changer le domicile élu dans l'inscription, on doit en conclure par argument *a contrario* que la cession opérée de la main à la main ne donnera pas au porteur de l'obligation hypothécaire le droit de faire une nouvelle élection de domicile. Voilà toute la conséquence de l'article 2152 ; nous l'acceptons d'autant plus volontiers que, dans l'intérêt même des porteurs successifs de titres, il est nécessaire que l'élection de domicile fixée dans l'inscription ne change pas, pour qu'ils puissent toujours savoir où s'adresser pour avoir les renseignements concernant leur gage hypothécaire. L'article en question, loin de nous contrarier, vient au contraire à notre secours.

Il ne faut donc pas dire que la cession n'est possible que par acte authentique ; cette solennité est seulement exigée quand on veut modifier l'inscription, nòtamment le domicile qui s'y trouve élu. Cette modification peut avoir de graves conséquences, puisque c'est là que toutes les pièces devront être notifiées en cas de purge, d'ordre ou d'autres procédures. On s'explique dès lors très bien que le législateur n'ait accordé cette faculté de changement de domicile qu'à un cessionnaire par acte authentique, c'est-à-dire à un cessionnaire dont le titre et la qualité ne puissent pas être mis en doute.

Si, laissant de côté cet article 2152, qui, loin de nous être défavorable, nous est utile, nous cherchons les lois récentes relatives à l'hypothèque, nous en trouvons deux : celle du 10 décembre 1874 et du 10 juillet 1885, concernant l'hypothèque maritime, qui viennent à notre appui. L'article 12 de la loi de 1874, reproduit par le même article de la loi de 1885, dit en effet :

« Si le titre constitutif de l'hypothèque est à ordre, sa négociation par voie d'endossement emporte la translation du droit hypothécaire ».

L'hypothèque ayant la même nature et le même caractère, qu'elle soit maritime ou terrestre, on peut considérer la question comme résolue législativement en ce qui concerne les créances hypothécaires à ordre ; et il en sera de même pour les créances hypothécaires au porteur, avec ceci en plus, qu'il ne sera même pas nécessaire qu'il y ait un endossement pour qu'il y ait translation du droit hypothécaire. Une simple tradition suffira pour faire passer d'une main dans l'autre, à la fois et la créance et le droit hypothécaire y attaché.

Reste une dernière objection à écarter, elle est relative à la question de la publicité de l'hypothèque.

Elle avait été soulevée notamment lors de l'enquête hypothécaire de 1841-1842, à propos de l'endossement des titres hypothécaires ; on disait : Inutile à la propriété, l'endossement serait nuisible à l'intérêt privé, à l'exécution de la loi et à l'ordre public. De deux choses l'une : ou bien il faudra mentionner la circulation de l'hypothèque en marge de l'inscription existante, et les entraves qui en résulteront seront un obstacle insurmontable à une circulation rapide ; ou bien on n'inscrira rien du tout, et alors la cession du titre hypothécaire restera en dehors du système de publicité établi et prescrit par la loi (1).

Ce raisonnement manquait de justesse, car le propre du titre au porteur est justement de se passer de toute publicité ; sa seule raison d'être est de pouvoir valablement circuler librement et de se transmettre avec tous ses accessoires instantanément, sans formalités ni frais, ou avec des formalités insignifiantes, telles qu'un endossement, s'il s'agit de titres à ordre.

Au reste, à qui la publicité de la cession pourrait-elle bien servir ?

Aux tiers ? Mais ils n'ont besoin que de connaître l'inscription initiale pour se rendre compte de la situation hypothécaire du débiteur et du crédit qu'on peut lui faire. Qu'importe que cette hypothèque soit sous forme nominative ou au porteur ; du moment où elle figure au compte du débiteur et qu'on peut la connaître, c'est suffisant pour eux.

A l'acquéreur qui voudrait purger ? Mais l'inscription initiale contient une élection de domicile, où il pourra valablement signifier toutes pièces, sans avoir

---

(1) *Documents relatifs au régime hypothécaire,* I, p. xci.

à s'inquiéter des cessionnaires de l'hypothèque et bénéficiaires actuels.

Au débiteur ? Mieux que tout autre, il connaît sa situation et n'a pas besoin de publicité pour être renseigné sur sa propre position. Si, pour une cause quelconque, il a des significations à faire à ses créanciers, bien que ne les connaissant pas, il pourra valablement les toucher en s'adressant au domicile élu.

Aux cessionnaires entre eux ? Que leur importe de savoir qui ils ont comme co-créanciers. Le principal pour eux est d'être assurés que leurs droits sont bien défendus ; c'est affaire à leurs représentants ou mandataires.

Ainsi, à tous points de vue, la *clandestinité de la cession* de l'hypothèque est indifférente ; mais la *publicité de la constitution de l'hypothèque* demeure capitale.

Au reste, dans les législations germaniques, où l'on a tenté d'organiser d'une façon pratique le crédit immobilier, la cession des titres s'opère clandestinement. En Prusse, l'article 54 de la première loi hypothécaire du 5 mai 1872 décide que « la cession d'une hypothèque ou d'une dette foncière sera valable sans inscription ». De même la loi de Brême, sur les *Handfesten,* dispense la transmission de ces titres de toute condition de publicité. Ces deux lois n'exigent que l'inscription initiale prise lors de la délivrance du bon foncier au propriétaire.

Sans doute des fraudes peuvent se produire, mais elles sont indépendantes de la publicité ou de la clandestinité de l'obligation hypothécaire au porteur.

Voici un cas : on peut supposer que l'opération

s'est réalisée en deux parties et qu'on a dressé deux actes. Dans le premier, il n'est question que de l'établissement d'une simple créance hypothécaire ; on ne voit en présence qu'un créancier et un débiteur ; ce n'est que dans le second acte qu'apparaît la création des obligations hypothécaires au porteur.

En dehors des titres au porteur créés, il faut bien toujours une grosse des actes, pour permettre d'abord de prendre inscription, et plus tard d'exercer des poursuites et au besoin une saisie immobilière.

Supposons que la grosse et les titres au porteur ont été remis au créancier ; il pourrait arriver que, tandis que le titre d'obligation hypothécaire au porteur circulerait de main en main, le créancier primitif ayant gardé par devers lui la grosse du contrat hypothécaire continuât à être considéré comme le possesseur de la créance et jouît des avantages que pourrait lui procurer cette fausse apparence d'un crédit qui n'existe plus pour lui. Il pourrait notamment consentir la cession de cette obligation hypothécaire, ou se présenter pour être colloqué dans un ordre ouvert.

Un exemple fera mieux saisir notre hypothèse :

Un particulier, une société ont besoin d'argent ; ils possèdent des immeubles. Ils vont trouver un banquier et lui demandent à emprunter. Le banquier consent, mais comme chez lui l'argent doit circuler et que s'il faisait un prêt ordinaire cet argent serait immobilisé ; voici la combinaison qu'on pourra adopter et qui satisfera tout le monde.

Un premier acte contiendra un prêt de la somme demandée, consenti par le banquier au particulier, ou à la société, avec affectation hypothécaire. La prise de

l'inscription et la remise des fonds sont différés jusqu'à
la fin de l'opération, qui aura lieu de la manière suivante : muni d'un titre de créance hypothécaire bien
en règle, le banquier se met en campagne et cherche
des capitalistes à qui il pourra céder sa créance.
Quand il les a trouvés, on dresse le second acte.

Ce deuxième acte a pour but la création des obligations hypothécaires au porteur. Voici comment on
procède alors : L'emprunteur et le banquier, ce dernier agissant tant en son nom qu'au nom des futurs
porteurs d'obligations, expliquent que pour leur commodité respective, ils sont convenus que le prêt hypothécaire, résultant du premier acte, sera converti en
un prêt d'obligations hypothécaires au porteur. Suit
alors le détail de l'opération; on règle comment se
feront les remboursements; on établit des mandataires
des obligataires sous forme de représentants directs
ou au moyen de la création d'une société d'obligataires. On prend en un mot toutes les dispositions
dont nous avons parlé plus haut pour le bon fonctionnement et la sauvegarde de l'hypothèque.

Ce second acte passé, on inscrit l'hypothèque au
nom du banquier, en qualité de premier porteur agissant tant en son nom qu'au nom des futurs détenteurs
des titres.

Dans cette inscription, on a soin de mentionner tout
ce qui peut intéresser le jeu et le fonctionnement de
l'hypothèque, conformément à ce qui a été dit et
expliqué préalablement dans l'acte. On indique notamment comment et par qui pourront être données les
mainlevées totales ou partielles et quelles seront les
justifications à fournir.

L'inscription ainsi prise, les fonds sont remis à

l'emprunteur et les titres créés, distribués aux porteurs ou souscripteurs et mis en circulation. Sur ces titres, on a eu soin de mentionner toutes les indications utiles pour le porteur : telles que l'organisation de la représentation des obligataires ; la copie de l'inscription pour qu'on puisse connaître le domicile élu, où doivent être faites les notifications, ainsi que les immeubles donnés en garantie et le mode de remboursement et d'exigibilité des titres. On mentionne également entre les mains de qui la grosse est et doit demeurer déposée. Le nom du notaire et la date de l'acte figurent au premier rang de ces indications, afin que les intéressés puissent aller le consulter. Il faut en un mot que le porteur du titre puisse avec ce titre être renseigné comme si c'était lui-même qui eût fait directement le prêt.

Voilà, brièvement exposée, comment dans la pratique se fait l'opération quand il s'agit d'un emprunt roulant sur un gros capital ; car, lorsque l'opération est moins importante, on procède plus simplement, et un seul acte est suffisant pour l'établissement de la créance, l'affectation hypothécaire et la création des titres au porteur.

On pourra s'étonner de la façon un peu compliquée du premier système. Pourquoi dira-t-on, ne pas s'adresser directement aux capitalistes, au lieu de passer par les mains du banquier, ce qui nécessite deux actes. Je répondrai à cela que lorsqu'on a besoin d'argent, on fait comme on peut et non comme on veut. Si l'on désire avoir de gros capitaux et qu'on s'adresse directement au public, on ne réussira généralement pas, tandis qu'un banquier, qui est outillé pour cela, aboutira presque toujours, sur-

tout si au moyen du premier acte d'obligation souscrit à son profit, il a déjà par-dessus lui toutes les
sûretés et garanties désirables.

Nous venons d'ouvrir une bien large parenthèse,
peut-être un peu longue; elle nous a paru bonne
cependant, surtout à l'endroit où nous en sommes
parvenu de notre travail; il n'était pas mauvais de
tracer un petit croquis d'ensemble résumant ce que
nous avons dit sur la manière d'opérer.

Revenons à nos fraudes. On comprendra maintenant comment le banquier, resté détenteur de la grosse
du premier acte, qui, lui, ne dit pas un mot des titres
au porteur à créer, pourrait, une fois ceux-ci créés et
mis en circulation, se présenter néanmoins encore
comme titulaire de la créance et en faire la cession.
Nous verrons comment la pratique a rendu cette
fraude impossible.

Une autre fraude pourrait encore être commise, la
voici. Supposons une émission d'obligations hypothécaires, dont le remboursement s'opérera par fractions;
il pourrait arriver que le débiteur, rentrant à chaque
remboursement en possession d'une certaine partie
des titres, les remît en circulation, en sorte que la
situation des créanciers, au lieu de s'améliorer par la
diminution successive des titres, resterait la même indéfiniment.

Il y a bien d'autres fraudes possibles; nous n'entre-
prendrons pas leur énumération, ce serait fort difficile, car le domaine de la fraude est illimité; l'esprit
inventif des fraudeurs en recule incessamment les
bornes.

Toutefois, nous dirons que la pratique sait généralement les prévoir et les déjouer; elle est la première

intéressée à ce que les obligations hypothécaires au porteur, qui sont entièrement son œuvre, jouissent d'une sécurité parfaite.

C'est ainsi que, pour parer aux deux fraudes dont nous venons de parler, on procède comme suit :

Pour le premier cas, on constitue dans les actes un dépositaire autre que le créancier, entre les mains duquel la grosse du titre hypothécaire doit rester ; c'est lui qui la produira partout où cela sera nécessaire. Ce dépositaire ne peut pas céder la créance dont il a la grosse ; puisqu'il ne figure pas dans l'acte comme titulaire de cette créance.

La grosse prend ainsi un caractère impersonnel, qui est celui qui lui convient, puisqu'elle doit servir non seulement au créancier primitif, mais aussi à tous les futurs cessionnaires et porteurs. Quant au créancier primitif, n'ayant pas sa grosse entre les mains, il est paralysé ; son seul titre est l'obligation au porteur qui lui a été remise ; mais du jour où il la cède, il ne lui reste plus rien, en sorte qu'il lui est impossible ensuite de se prétendre encore créancier.

Pour le second cas, on stipule dans les actes qu'à chaque remboursement les obligations remboursées seront, ou bien détruites, ou bien frappées d'une estampille qui empêchera de les remettre à nouveau dans la circulation. Les représentants ou mandataires des créanciers sont chargés de surveiller cette opération.

Avec ces précautions, le créancier hypothécaire ne peut pas vendre deux fois la même créance, tandis qu'un propriétaire peut vendre deux fois le même immeuble, s'il procède rapidement. Il y aurait par suite plus de sécurité chez nous qu'en matière de vente immobilière.

Nous avons vu comment l'obligation hypothécaire prenait naissance, comment elle vivait et fonctionnait, nous allons assister maintenant à sa mort ou plutôt à son extinction.

CHAPITRE VI

EXTINCTION DE L'OBLIGATION HYPOTHÉCAIRE AU PORTEUR.

§ 1er. — Extinction de l'obligation elle-même.

L'obligation hypothécaire au porteur peut s'éteindre par les modes ordinaires qui font disparaître une créance : paiement, novation, compensation, etc. Il n'y a qu'à appliquer les règles de droit commun.

Une remarque seulement doit être faite ; comme c'est le porteur actuel du titre qui est devenu le véritable créancier, c'est à lui et non au créancier primitif que le paiement devra être fait. Pour que la compensation opère, il sera nécessaire qu'elle se produise entre le débiteur et ce porteur actuel, et ainsi de suite. Toutefois, si par erreur ou omission l'inscription prise n'avait pas mentionné la situation, c'est-à-dire n'indiquait pas que l'obligation est au porteur et que l'inscrivant n'est que premier porteur ou représentant de tous les porteurs, il serait nécessaire de faire intervenir dans la quittance, outre le porteur, le premier créancier, celui qui figure dans l'inscription ; il donnerait mainlevée et l'on arriverait ainsi à la radiation ;

autrement, il faudrait attendre pour la voir disparaître, la péremption de l'hypothèque.

Si le débiteur payait à ce créancier primitif inscrit dans les termes que nous venons d'indiquer, c'est-à-dire sans la mention qu'il n'est que le premier porteur, le paiement ne pourrait pas nuire au porteur actuel du titre, parce qu'il ne lui serait pas opposable; ce porteur pourrait toujours, sans tenir compte de ce paiement, se venger sur l'immeuble affecté en garantie; ses droits resteraient entiers.

Il en serait ainsi, même si la cession de l'obligation hypothécaire au porteur avait eu lieu à une date postérieure à ce paiement. L'un des caractères de cette obligation est en effet de se transmettre en pleine validité, sans crainte des exceptions personnelles aux précédents porteurs (1).

Supposons maintenant que toutes les obligations ont été remboursées aux porteurs de titres au moyen de paiements réguliers; voilà le débiteur libéré, c'est vrai, mais son immeuble ne sera pas dégrevé pour cela; car, qui va lui donner mainlevée de l'inscription prise? Ce ne sont pas les obligataires, qui sont peut-être au nombre de plusieurs milliers, qui pourront lui signer cet acte. L'opération est bien simple: cette mainlevée sera signée soit par les représentants des obligataires, soit par les administrateurs de la société d'obligataires, selon que l'on aura employé l'un ou l'autre de ces modes.

On aura pris soin de mentionner dans l'inscription

---

(1) Aubry et Rau, t. III, n° 288, texte et note 17. — Wahl. *Traité théorique et pratique des titres au porteur*, t. I, n°s 282 et 744 et suiv.

par qui la mainlevée pourrait être donnée ; de la sorte,
la radiation et le dégrèvement s'opéreront sans difficultés. Et pour le cas où il en surviendrait, ce qui
n'est pas rare, car MM. les conservateurs des bureaux d'hypothèques sont gens fort sévères ; il n'y
aurait, à défaut d'un procès qu'il serait préférable
d'éviter, qu'un peu de patience à prendre et à laisser
la péremption opérer ses bienfaisants effets.

§ 2. — Renonciation à l'hypothèque et prescription.

Parmi les modes d'extinction de l'hypothèque
prévus par l'article 2180 du Code civil, il y a la renonciation par le créancier et la prescription.

La prescription ne donne pas lieu à des développements spéciaux en notre matière. Nous rappellerons
seulement que pour empêcher qu'elle se produise,
avant le remboursement intégral des obligations, les
représentants des obligataires auront pour mission
notamment d'opérer le renouvellement des inscriptions en temps utile.

Pour la renonciation, elle devrait être consentie par
le créancier hypothécaire véritable, c'est-à-dire par le
porteur actuel ; il en serait ainsi dans le cas où nous
n'aurions en présence qu'un seul ou seulement deux
ou trois porteurs de titres, car il serait facile de les
réunir et d'obtenir leur consentement. Mais nous aurons le plus souvent affaire à un grand nombre de
porteurs et le consentement de tous deviendrait impossible ; arriverait-on même à obtenir le concours de
presque tous, que ce ne serait qu'un résultat médio-
cre, devant l'impossibilité d'arriver à obtenir une

mainlevée complète sans le concours de tous les créanciers; c'est alors que fonctionnerait la société des obligataires ou qu'agiraient les mandataires constitués au début de l'opération. Nous ne voyons pas du reste dans quelle hypothèse une renonciation à hypothèque pourrait bien se présenter; si toutefois elle était utile, nous venons d'indiquer comment il faudrait s'y prendre.

Nous avons, dans un chapitre précédent, parlé des fraudes qui pouvaient être commises; nous avons signalé la suivante : un créancier, après avoir cédé son obligation au porteur reste néanmoins nanti de la grosse de l'acte, et grâce à sa possession, qui fait supposer qu'il est toujours créancier, il cède à nouveau sa créance. Il n'y a pas qu'une fraude qui pourrait survenir dans cette circonstance, il pourrait encore arriver qu'au lieu d'une nouvelle cession, ce créancier fît une renonciation à l'hypothèque, qui serait suivie de la radiation de l'inscription. Dans ce cas, les droits des porteurs d'obligations seraient gravement lésés. Ces derniers auraient bien la ressource de prendre une nouvelle inscription, mais elle ne prendrait rang qu'à sa date, et ne viendrait qu'après celles qui auraient été prises depuis celle à laquelle on aurait ainsi renoncé. En cas d'insuffisance du prix de l'immeuble affecté en garantie, le recours des porteurs se réduirait à une simple action personnelle (1).

Cette conséquence fâcheuse ne serait que l'application des principes généraux de droit. Il faut dire en

(1) Pareille situation a été envisagée pour les obligations hypothécaires avec clause à ordre par M. Challamel : *De la cession des créances hypothécaires*, p. 94.

en effet, avec Aubry et Rau, que « une inscription rayée n'existe plus pour le public ; on ne pourrait la faire revivre au préjudice de tiers qui auraient acquis depuis sa radiation des droits sur l'immeuble, sans se mettre en opposition directe avec le principe de la publicité et sans ébranler la base du régime hypothécaire (1) ».

Le danger que nous venons de signaler est pour ainsi dire plutôt théorique que réel, car il ne pourrait se produire que s'il y a eu violation ou oubli des règles pratiques dont nous avons parlé plus haut, et cet oubli constituerait une faute tellement lourde qu'on ne peut pas le supposer. Nous rappelons que pour le cas actuel les règles pratiques consisteraient à laisser la grosse de l'acte en dépôt entre les mains d'une autre personne que le créancier, et ce dépositaire seul pourrait donner mainlevée. On mentionnerait dans les inscriptions cette condition spéciale.

Nous allons étudier maintenant la question de la purge.

§ 3. — Purge.

Les immeubles du débiteur d'une obligation hypothécaire au porteur peuvent passer entre les mains d'un tiers détenteur, qui, s'il n'est pas personnellement obligé au paiement de l'obligation, pourra prendre quatre partis :

Payer les créanciers hypothécaires ;
Délaisser l'immeuble ;

(1) Aubry et Rau, t. III, n° 281, note 41.

Subir la saisie immobilière ;

Ou enfin libérer l'immeuble en recourant à la purge.

Sur les deux premiers partis, il n'y a rien à dire ici. Que les hypothèques grevant l'immeuble garantissent des obligations au porteur ou des créances nominatives, la situation du tiers détenteur est toujours la même. Il suffit de remarquer, conformément aux développements contenus dans les paragraphes précédents, que le paiement devra être fait au créancier véritable, c'est-à-dire au porteur actuel et non pas à l'obligataire primitif. Quant aux porteurs, ils seront représentés au paiement par leurs mandataires constitués comme nous l'avons dit plus haut, lesquels, en vertu des pouvoirs qui leur auront été conférés au début de l'opération, pourront valablement toucher, donner quittance et mainlevée.

Si au contraire le tiers détenteur ne trouve pas envers qui se libérer, il consignera son prix et sera alors complètement déchargé.

Le troisième parti ne comporte pas non plus de développements. Disons seulement que la saisie immobilière que pourrait avoir à subir ce tiers détenteur pourrait parfaitement émaner des porteurs des titres d'obligation hypothécaire, agissant par l'entremise de leurs représentants.

Reste le quatrième parti, la purge.

C'est ici que des objections ont encore été faites à notre théorie. On s'est placé au point de vue de la procédure de purge pour combattre la transmission de l'hypothèque avec l'obligation au porteur ; on attaquait ainsi la validité même de notre institution. Le mode de transmission au porteur du droit d'hypothèque serait, dit-on, inconciliable avec le droit accordé au tiers détenteur de purger sa propriété des hypothèques qui la grèvent, en notifiant son contrat aux créanciers inscrits et en déclarant qu'il est prêt à acquitter sur le champ toutes les dettes exigibles ou non exigibles (articles 2180, 2183 et 2184 du Code civil ; 695 et 753 du Code de procédure civile). Or, comme les créanciers, détenteurs des titres d'obligations hypothécaires au porteur, lui sont inconnus, il va se trouver dans l'impossibilité de faire les notifications prescrites, et par suite la purge devient impossible.

La critique faite devrait s'étendre également aux obligations hypothécaires à ordre, pour lesquelles la situation est la même ; or, la jurisprudence a, principalement à propos de ces dernières, combattu victorieusement l'objection faite.

Les notifications à faire aux créanciers hypothécaires se divisent en deux catégories : les unes doivent être adressées au domicile élu, les autres au véritable domicile.

Pour les premières, elles seront faites en notre espèce, comme dans toute purge. Il y a eu, en effet, nécessairement une élection de domicile de mentionnée dans l'inscription ; le tiers détenteur pourra donc toujours adresser là ses notifications, et si, comme nous l'avons supposé, les titres qui sont entre les mains des porteurs mentionnent également ce domicile, les porteurs en s'y adressant seront toujours à même d'être renseignés.

Pour les notifications à adresser au véritable domicile du créancier, l'objection pourrait paraître plus embarrassante, puisque le domicile du porteur actuel est inconnu.

Pour la résoudre, on a dit : « Tout ce qu'on peut conclure, c'est que les notifications seront faites au premier porteur indiqué au titre, et que les actes qu'elles
doivent précéder pourront ensuite être faits sans
qu'on puisse reprocher leur omission (1) ».

Nous ferons en outre remarquer que les notifications au domicile réel sont moins importantes que les
autres. Les principales sont celles qui doivent être
faites au domicile élu dans l'inscription. Or, un auteur
qu'on n'accusera pas d'avoir défiguré les principes
mêmes du Code civil, Marcadé, observait qu'à raison
de la nécessité qu'il y a de faire les notifications à fin
de purge aux domiciles élus dans les inscriptions,
tout cessionnaire d'une créance hypothécaire, qui ne
peut pas ou ne veut pas changer la précédente élection
de domicile, se soumet à n'avoir pas d'autres notifications que celles qui seront faites à ce domicile, et
doit prendre ses mesures en conséquence (2).

Ainsi, voilà un cessionnaire de créance hypothécaire
qui a acquis sa créance en vertu d'un acte authentique et qui en a été saisi en vertu des formalités prescrites par l'article 1690, sa situation est bien inattaquable. Cependant si, comme c'est son droit, il n'a
pas fait changer l'élection de domicile contenue dans
l'inscription, l'acquéreur pourra néanmoins purger
s'il le veut, quand même le domicile réel du nouveau
créancier ne lui est pas connu; pour cela, il n'aura
qu'à adresser les notifications au domicile élu dans
l'inscription. Pourquoi n'en serait-il pas de même

(1) Wahl. *Traité théorique et pratique des titres au porteur*,
t. I, p. 366.

(2) Marcadé. *Explication théorique et pratique du Code*, 1868,
t. VI, p. 340.

pour les créanciers en vertu d'obligations hypothécaires au porteur (1).

En résumé, l'existence de la purge est parfaitement compatible avec la forme de l'obligation hypothécaire au porteur, puisque le tiers détenteur pourra toujours, à défaut de domicile réel, adresser ses notifications aux domiciles élus. Quand les délais seront expirés et que le paiement pourra être fait, si les créanciers se présentent, il les payera; autrement, il consignera son prix.

On pourrait enfin nous faire l'objection suivante : admettant que les notifications ainsi faites soient régulières, et que par suite la purge puisse être valablement faite, il y aura une situation défavorable créée aux créanciers porteurs d'obligations. En effet, le tiers détenteur étant à peu près sûr que les notifications ne parviendront jamais à leurs vrais destinataires, qui par suite ne pourront former de surenchère, achètera l'immeuble pour un prix dérisoire. Ou même si quelques créanciers reçoivent ces notifications, ils ne pourront prévenir leurs co-créanciers, ni s'entendre avec eux pour surenchérir, puisqu'ils ne les connaissent pas. De toutes façons, l'immeuble pourra, à leur grand détriment et sans qu'ils puissent y apporter remède, être vendu à vil prix.

Ce danger n'est pas à craindre, car, ainsi que nous l'avons déjà dit plusieurs fois, on a eu soin de constituer au début de l'opération des représentants sérieux pour tous les porteurs successifs de titres. Ces représentants se tiendront toujours au courant de la situa-

(1) Challamel. *De la cession des créances hypothécaires*, p. 89-90.

tion et veilleront à ne pas laisser péricliter les droits
de leurs administrés; ils y seront même le plus souvent intéressés pour leur propre compte, car souvent
ils seront eux-mêmes porteurs d'obligations.

Avant d'aborder dans un chapitre final, et sous
forme d'*Appendice*, l'étude rapide ou plutôt l'énumération des différents titres au porteur ayant quelque
parenté avec les obligations que nous venons d'étudier
en détail, nous tenons à faire une observation générale, qui pourra servir en même temps de critique à
notre travail.

Nous avons voulu avant tout rechercher et analyser
ce qui se faisait dans la pratique, et pour cela, nous
avons réuni autant de documents que nous avons pu,
notamment des formules employées dans les actes;
elles sont devenues tout à fait usuelles et courantes à
l'heure actuelle et ont entièrement acquis droit de cité
dans les actes des notaires. Pour plus de clarté et de
facilité, nous les avons mises ensemble dans un cahier
placé en suite de l'appendice, que nous avons appelé
Cahier des formules.

Nous avons donc travaillé pour ainsi dire d'après
nature. Pour compléter et accentuer encore le côté
vivant de cette étude, nous ne pouvons résister au
désir de rappeler le fait suivant, qui servira en même
temps de résumé à tout ce que nous venons de dire.

C'était il y a une douzaine d'années. Une société de
ville d'eaux avait besoin d'argent. Elle possédait des
immeubles, notamment un fort beau casino. Un groupe
de capitalistes offrait les fonds demandés, mais il voulait en échange du prêt qu'il consentait à faire, des
garanties hypothécaires sous forme d'obligations au
porteur. De plus, comme les immeubles offerts en ga-

rantie présentaient un certain aléa, nous venons de dire qu'il s'agissait d'un casino, et qu'on pouvait redouter de graves mécomptes dans le cas où il eût fallu réaliser le gage, un casino n'étant pas d'une vente facile, les prêteurs, pour se couvrir des risques de perte, voulaient que les obligations qu'on leur remettrait sous cette forme au porteur fussent de plus remboursées par voie de tirage au sort en un espace de temps assez court et par un prix qui était supérieur au chiffre pour lequel on les remettrait. C'était une espèce d'assurance contre les chances de non-remboursement.

Enfin et pour comble, les prêteurs ne voulaient en aucune façon comparaître dans les actes qu'il était cependant indipensable de dresser pour que l'opération prît forme. Qu'on nous donne, disaient-ils, des obligations hypothécaires au porteur et valables, et en échange nous remettrons des billets de banque; qu'on s'arrange pour cela comme on voudra, mais nous ne voulons figurer nominalement nulle part.

Telles sont les données du problème qu'il s'agissait de résoudre. Voici comment on s'y prit :

Faire naître une hypothèque sans le concours d'un créancier, fût-il mis là simplement pour la forme, paraissait chose impossible ; on en fit part.

De plus, rembourser un titre par une somme supérieure à celle pour laquelle il était livré, paraissait un procédé fort scabreux. C'était d'abord avant la loi du 12 janvier 1886 sur la liberté du taux d'intérêt en matière commerciale, puisque cela remonte à plus de douze ans ; de plus, il était bien difficile de trouver un caractère commercial à l'opération. On en fit également ment part.

Mais les observations faites n'eurent aucun succès ;

on exigeait que les choses se passassent comme je viens de l'indiquer ; on n'en voulait pas démordre ; il fallait à tout prix trouver un moyen pour sortir de cette impasse.

Un projet fut rédigé, où l'on essaya d'une part de remplir les conditions exigées et d'autre part de faire un acte régulier et inattaquable.

On s'occupa d'abord de trouver un créancier qui, bien que n'étant pas le vrai prêteur, consentit à figurer nominalement dans l'acte. C'était chose relativement facile. On faisait remettre par les capitalistes en question leurs fonds à une personne qui avait leur confiance, et cette personne ainsi munie des fonds pouvait, sans contredire à la vérité, comparaître dans l'acte, en qualité de prêteur ; on pouvait également mentionner dans cet acte, sans commettre de faux, que les fonds prêtés étaient versés à la vue du notaire, puisque le prêteur en question se présentait porteur de l'argent et le remettait effectivement à l'emprunteur en présence du notaire.

On attache une assez grande importance à ce versement opéré à la vue du notaire ; il y a en effet là une constatation d'un fait matériel qui donne à l'opéraration un caractère sérieux de véracité.

De cette façon, l'hypothèque demandée pouvait naître et prendre corps.

Une fois née, il n'y avait plus qu'à la mobiliser, et voici le moyen qui était proposé. On faisait déclarer dans l'acte par le prêteur que son intention était, en faisant ce prêt (sans quoi il ne l'eût pas fait), de pouvoir en user comme bon lui semblerait, et ce, sans aucune entrave et sans avoir aucune formalité à remplir. Pour satisfaire ce désir, les parties, prêteur et emprunteur, convenaient d'un commun accord qu'il serait créé tant d'obligations hypothécaires au porteur, qui jouiraient des mêmes droits et avantages que ceux attachés à la créance primitive, tout en pouvant circuler de main en main et être cédées par simple tradition.

On organisait alors dans l'acte des représentants pour les futurs porteurs ; on réglait leurs pouvoirs, de façon que dans toutes circonstances ils pussent agir au nom et dans l'intérêt de ces porteurs ; on s'étendait longuement sur la façon dont l'inscription serait prise et à quelles conditions on pourrait en donner mainlevée ; on constituait un gardien et dépositaire de la grosse de l'acte ; il ne devait jamais s'en dessaisir, mais la produire lui-même partout où besoin serait. Les titres au porteur relataient sur leur feuille toutes les indications dont nous avons parlé plus haut, etc. En un mot, c'était la mise en pratique de tout ce que nous venons de dire.

On pouvait désormais satisfaire les capitalistes et leur remettre, bien qu'ils n'eussent figuré nulle part, des titres d'obligations hypothécaires au porteur parfaitement valables, pouvant circuler librement de main en main, se cédant par simple tradition et entraînant cependant avec eux un gage hypothécaire sur des immeubles affectés en garantie. En un mot, le problème était de tous les points résolu, sauf un toutefois.

Il restait en effet la question délicate du remboursement des titres. Nous avons dit plus haut que ces titres devaient être remboursés par une somme supérieure au chiffre réellement prêté, et comme un intérêt de 5 % était déjà stipulé, il y avait lieu de craindre qu'on ne vît là une violation de la loi en matière d'intérêt d'argent.

On avait, il est vrai, eu recours aux ressources d'une formule de circonstance ; les formules sont parfois comme les fleurs, on s'en sert pour cacher un défaut. On expliquait donc, dans une assez longue formule, que la cause de cette prime était due à un certain aléa du remboursement ; c'était, comme nous l'avons dit plus haut, une prime d'assurance contre cet aléa. C'était justifié au fond et du reste parfaitement accepté par les emprunteurs. Malgré ces bons motifs, je doute que cela eût été ratifié par un tribunal en cas de réclamation de l'emprunteur ou de conflit avec d'autres créanciers. Heureusement qu'on n'eut pas à faire cette expérience, car l'emprunteur exécuta ponctuellement ses engagements ; il n'y eut aucun accroc et les titres furent remboursés aux conditions arrêtées, c'est-à-dire avec leur prime.

APPENDICE

DES OBLIGATIONS ET AUTRES TITRES AU PORTEUR GARANTIS PAR UNE SURETÉ AUTRE QUE L'HYPOTHÈQUE

Il nous reste à énumérer maintenant un certain nombre de titres au porteur ayant quelque analogie avec les obligations hypothécaires. Il convient de montrer les ressemblances et les différences pour éviter toute confusion.

L'observation d'une méthode stricte et rigoureuse eût voulu que ces développements fussent placés ailleurs. Ils auraient dû se trouver au chapitre Ier de notre deuxième partie, à l'endroit où nous nous sommes efforcé d'indiquer exactement l'hypothèse sur laquelle nous avons toujours raisonné. Si nous les avons réservés pour la fin de notre travail, c'est que nous avons pensé pouvoir être plus bref, après avoir exposé la théorie complète de l'obligation hypothécaire au porteur. La connaissance de cette dernière nous permettra de glisser rapidement sur ce que nous avons encore à dire.

§ 1ᵉʳ. — Obligations au porteur garanties par un privilège immobilier.

Des obligations au porteur peuvent être garanties par un privilège immobilier, notamment par un privilège de vendeur d'immeubles. Telle est précisément l'hypothèse qui s'est présentée en pratique et qui a donné lieu à l'arrêt important de la Cour d'Aix du 8 avril 1878 dont nous avons parlé plusieurs fois. La ville de Marseille avait vendu des terrains qu'elle s'était engagée à mettre en état avant de les livrer. Ayant besoin d'argent pour le faire, elle émit des obligations en offrant aux capitalistes la subrogation dans son privilège de vendeur.

Toute société peut agir ainsi. Elle achète des terrains importants, puis, pour les payer, émet des obligations. Il peut être stipulé, lors de la création des obligations, qu'elles seront garanties par une subrogation dans le privilège des vendeurs. On réalise ensuite ou en même temps cette subrogation, soit dans le contrat même, soit ultérieurement par acte séparé.

De telles obligations au porteur, non plus hypothécaires, mais privilégiées, se comportent absolument comme celles que nous avons étudiées. Un privilège immobilier n'est, dans notre droit, qu'une hypothèque privilégiée.

Ici, il y a donc ressemblance, analogie avec notre institution.

§ 2. — Obligations des sociétés de crédit foncier.

Il y a au contraire une différence si l'on examine les obligations émises par les sociétés de crédit foncier.

Ces sociétés ont pour but de servir d'intermédiaire entre les propriétaires fonciers emprunteurs et les capitalistes prêteurs. Mais les uns et les autres ne se connaissent pas. Les capitalistes prêtent à la société, laquelle prête aux propriétaires. Les obligataires ont donc pour débiteur la société. Au point de vue économique, on peut dire que les obligations des sociétés de ce genre reposent sur une garantie réelle; mais au point de vue juridique, c'est inexact.

Pour plus de précision, nous indiquons la situation de ces obligataires, telle qu'elle résulte du décret du 28 mars 1852, qui a organisé la Société actuelle du Crédit Foncier de France.

Il y a trois espèces d'obligataires correspondant aux trois sortes de prêt que fait le Crédit Foncier :

1° Les possesseurs d'obligations émises en vue d'effectuer les prêts pour travaux de drainage. — Ceux-là ont le bénéfice des privilèges assurés au Crédit Foncier sur les récoltes des fonds drainés et sur les fonds eux-mêmes. La garantie du Trésor consolide encore leurs droits. En pratique, ils sont très peu nombreux.

2° Les porteurs d'obligations départementales et communales.—Ceux-là ont pour gage les *sommes dues* par les départements et les communes. Le Crédi Foncier peut prêter à ces personnes morales, même sans affectation hypothécaire.

3⁰ Les porteurs d'obligations foncières ou lettres de gage. — Pour ceux-là, la nature de leur droit est discutée ; on a soutenu qu'ils ont un droit hypothécaire, mais telle n'est pas l'opinion générale. On admet aujourd'hui que les porteurs d'obligations du Crédit Foncier ont non pas une hypothèque, mais un privilège. Le privilège ne porte pas sur les immeubles hypothéqués à la société, mais sur les créances de la société contre les emprunteurs. Les obligataires ont donc un privilège mobilier (1).

En résumé, les obligations du Crédit Foncier ne sont pas des obligations hypothécaires au porteur. Juridiquement, celles-ci sont mieux garanties ; celles du Crédit Foncier bénéficient avant tout de ce que nous appellerons une « garantie morale ». La Société du Crédit Foncier inspire confiance par elle-même, indépendamment des sûretés plus ou moins réelles qu'elle peut offrir. Les capitalistes lui portent leur argent parce que c'est le Crédit Foncier, et sans se rendre un compte exact des combinaisons juridiques proposées. Mais vienne un moment de crise, un cataclysme financier, les obligataires du Crédit Foncier seront moins bien traités que les obligataires hypothécaires au porteur dont nous avons parlé ; l'avantage est donc encore de notre côté.

Cette situation particulière de porteurs d'obligations foncières ou lettres de gage se retrouve à l'étranger. Partout où existent des sociétés de crédit foncier, on constate qu'elles servent d'intermédiaires

______

(1) Les détails techniques sur les obligations foncières sont empruntés à M. Montagnon : *Traité sur les sociétés de crédit foncier,* p. 249 et 306-307.

entre les prêteurs et les emprunteurs, et que les prêteurs ne traitant pas avec les emprunteurs eux-mêmes, ne peuvent être leurs créanciers hypothécaires.

C'est ce qui se passe en Autriche, d'après la loi de 1876, sur la garantie des lettres de gage (1), en Norvège, où la banque hypothécaire a été fondée par une loi du 18 septembre 1851 et réorganisée par la loi du 28 juin 1887 (2), au Brésil (3), etc.

Nous citerons aussi les obligations émises par la Caisse de crédit agricole du grand-duché de Hesse. Cet établissement, créé par une loi du 5 avril 1880, emprunte à des capitalistes en émettant des obligations. Puis il fait aux agriculteurs des prêts garantis par première hypothèque. Mais ce qui prouve bien que les obligataires ne sont pas créanciers hypothécaires, c'est que le Trésor public est garant de leurs créances. S'ils avaient une hypothèque, ils n'auraient pas besoin de la garantie de l'État (4).

On peut se demander alors si des particuliers ou des sociétés ordinaires pourraient émettre en France des obligations analogues à celles du Crédit Foncier.

Pour ce qui est des primes et lots attachés aux obligations, nous avons déjà examiné la question.

Ici, il s'agit uniquement de savoir si une société pourrait se constituer intermédiaire entre des capitalistes et des emprunteurs. Nous sommes persuadé

____

(1) V. l'analyse et le commentaire de cette loi par le Dr Hoffmann dans l'*Annuaire de législation étrangère*, 1877, p. 381-382.

(2) *Annuaire de législation étrangère*, 1888, p. 717.

(3) *Id.*, 1891, p. 930.

(4) V. l'analyse de cette loi de 1880 dans l'*Annuaire de législation étrangère*, 1881, p. 170.

qu'elle le peut. On ne voit pas ce qui empêcherait une société d'émettre des obligations, puis de prêter l'argent à qui elle voudrait avec garantie hypothécaire. On serait alors en présence d'une société de crédit foncier non autorisée, mais néanmoins licite.

Seulement, les obligations émises ne pourraient pas être garanties comme celles du Crédit Foncier par un privilège mobilier sur les sommes dues à la société. Les privilèges en effet sont de droit étroit; pour les créer, il faut un texte. Ce texte existe pour la Société du Crédit Foncier, mais il n'existe pas pour les sociétés de crédit foncier non autorisées.

Ces obligations devraient donc ou bien être simplement chirographaires, ou bien être garanties par des hypothèques constituées conventionnellement *sur des immeubles appartenant en propre à la société,* c'est-à-dire revenant au type que nous avons étudié.

Cette question n'est pas purement théorique. Elle s'est posée en pratique et a été résolue comme nous l'indiquons. Une société de crédit foncier non autorisée, la Banque hypothécaire, avait émis des obligations au mois de janvier 1880. Le Crédit Foncier prétendit qu'il y avait là une violation de son droit de privilège. Mais sa prétention fut repoussée, comme elle devait l'être, par un jugement du Tribunal de commerce de la Seine du 31 mai 1880 (1). On ne peut empêcher une société, une ville, un particulier, d'émettre des obligations en se conformant au droit commun et sans y attacher de privilèges extra-légaux. La Banque hypothécaire avait respecté la situation privilégiée du Crédit Foncier, en ce sens que ses obli-

(1) D., 1881, 3, 38.

gations ne jouissaient pas du privilège mobilier attaché aux lettres de gage.

On voit ainsi que les obligations hypothécaires au
porteur ne font pas double emploi avec les obligations foncières. Celles-ci n'existent qu'en vertu d'une
faveur spéciale de la loi, et elles sont en somme moins
bien garanties que les premières. Ce qui est bien garanti, c'est la créance du Crédit Foncier sur le prêteur.
La combinaison dont nous avons parlé au cours de ce
travail nous paraît bien supérieure, parce qu'elle supprime précisément l'intermédiaire, et qu'elle fait bénéficier le capitaliste prêteur des avantages accordés aujourd'hui au Crédit Foncier. Elle a encore cet autre
avantage de ne nécessiter aucune loi d'exception, de se
fonder et de se développer sur le droit commun.

La comparaison qui vient d'être faite aboutit donc
encore à une conclusion favorable à notre institution.

§ 3. — Obligations au porteur avec nantissement ou garantie de l'État.

Au lieu d'un privilège mobilier qui ne peut être
créé par convention, on peut attacher à une obligation au porteur d'autres sûretés puisées dans les principes généraux du droit civil. Un nantissement de
créances ou valeurs pourrait notamment être consenti
d'après les formes que nous avons tracées pour l'hypothèque et les formes spéciales au nantissement (articles 2075 et suivants du Code civil).

Par exemple, les représentants administrateurs, ou
un tiers, seraient constitués dépositaires, dans l'intérêt commun des obligataires, des titres de créances

ou valeurs donnés en gage (article 2076), et la signification prescrite par l'article 2075 serait faite à leur requête.

On pourrait ainsi donner en nantissement une subvention annuelle accordée, aux termes d'un traîté administratif, par une ville à une société ou à une personne concessionnaire de ses eaux, ou d'une entreprise analogue. Cette subvention ne peut être considérée comme une créance éventuelle. Le droit est certain, acquis, puisqu'il résulte d'un traité. La créance n'est pas exigible actuellement, mais le concessionnaire n'en est pas moins irrévocablement investi, à la seule charge d'exécuter les conditions de son traité.

Il y a une certaine similitude entre cette créance et celle qui résulte d'un bail ; elles sont toutes deux la représentation d'une jouissance, et se perçoivent périodiquement. Or, il a été décidé qu'un bail pouvait être l'objet d'un nantissement (1). La subvention est donc susceptible d'être donnée en nantissement (2).

Les obligations garanties ainsi fonctionneront d'une manière générale de la même façon que des obligations hypothécaires au porteur. On constituera des mandataires ou des gérants d'affaires pour les obligataires, et ces représentants exerceront tous les droits attachés aux titres de créance.

Ces subventions données en garantie nous amènent à parler des obligations de chemins de fer.

---

(1) V. Paul Pont, sur l'article 2076, n° 1103 ; Cass., 6 mars 1861 et 13 avril 1869. — Paris, 11 avril 1866.

(2) Cette combinaison est empruntée au *Journal des notaires*, année 1877, p. 646-647.

Ces titres ne sont pas garantis par l'hypothèque. Il est reconnu aujourd'hui que les chemins de fer ne peuvent être hypothéqués, nous l'avons déjà démontré. Alors les compagnies offrent à leurs obligataires d'autres garanties.

On sait qu'une distinction doit être faite entre l'ancien et le nouveau réseau. L'ancien comprend les lignes concédées avant 1857; le nouveau comprend les lignes concédées depuis cette époque.

Lors des conventions passées, en 1859, entre l'État et les compagnies de chemins de fer, les droits des obligataires antérieurs à cette date furent réservés sur les revenus de l'ancien réseau, constitué par les lignes les plus importantes, et se trouvant le plus productif. Voilà la garantie de ces obligations.

Quant au nouveau réseau, les obligataires de celui-ci reçurent la garantie d'intérêt de l'État avec amortissement. Voilà les sûretés accordées aux nouvelles obligations.

Nous devons ajouter que la distinction des deux sortes de garanties n'est pas absolue. Il existe un taux de revenu kilométrique pour l'ancien réseau, au-dessus duquel les revenus doivent être portés au compte du nouveau réseau, afin de diminuer la garantie due par l'État.

En somme, les obligations de chemins de fer sont distinctes des obligations hypothécaires au porteur. Elles n'offrent pas les mêmes sûretés.

§ 4. — Cédules hypothécaires, bons fonciers, etc.

Nous n'avons pas à revenir ici sur ce que nous avons dit à maintes reprises au cours de ce travail,

Les cédules hypothécaires de l'an III, les bons fonciers, l'hypothèque sur soi-même, l'hypothèque indépendante, tout ce qui peut rappeler l'hypothèque abstraite des systèmes germaniques ou les *Handfesten,* tout cela est resté en dehors de notre travail, et ne doit pas être confondu avec l'obligation hypothécaire au porteur. Nous avons assez insisté sur les différences pour n'avoir pas à les répéter ici.

§ 5. — Bons au porteur.

Il existe dans la pratique des bons payables à des échéances fixes et émis au porteur.

Ils peuvent émaner du Trésor en vertu d'une loi, ou de sociétés financières. Les villes des États-Unis d'Amérique, les banques étrangères, émettent également des bons au porteur pour faire face à leurs besoins, et ces bons circulent souvent en France. Enfin, les monts-de-piété pourvoient aux opérations qui leur sont confiées au moyen de fonds disponibles sur leur dotation et de ceux qu'ils se procurent par voie d'emprunt.

Mais tous ces bons au porteur ne peuvent être confondus avec les obligations hypothécaires au porteur, par la bonne raison qu'ils ne sont pas garantis par hypothèque. Ils sont d'ailleurs en général à courte échéance.

§ 6. — Billets de banque.

Enfin, les billets de la Banque de France sont des valeurs qui réalisent au plus haut degré l'une des conditions indiquées pour le type idéal du titre de crédit, la facilité de circulation.

Mais eux aussi n'offrent comme sûreté qu'une « garantie morale ». Ils inspirent confiance parce que, actuellement et en l'état de choses, le crédit de la Banque de France est très solide; mais ce n'est qu'une situation de fait. Juridiquement, les billets de banque sont des créances purement chirographaires, et, en cas de crise aiguë, ils présenteraient une infériorité notable sur les obligations hypothécaires au porteur.

CAHIER DES FORMULES

Longum iter per præcepta, breve per exempla.

FORMULE A

Obligation hypothécaire au profit du porteur.

Par devant Me.....

A comparu :

M. Vart (Paul-Albert), propriétaire, demeurant à.....

Lequel a, par ces présentes, reconnu devoir au porteur de la grosse des présentes — *ou du présent acte délivré en brevet,* ce accepté par M. Valin (Eugène), négociant, demeurant à..... comme prêteur et premier porteur du titre, à ce présent,

La somme de dix mille francs pour prêt, que M. Valin lui a fait à l'instant.

M. Vart s'oblige à rembourser cette somme au porteur de la grosse des présentes — *ou du présent acte,* le ....

Il est expressément convenu que, etc.....

A la sûreté et garantie du remboursement de la somme capitale prêtée et du paiement de tous intérêts et accessoires, M. Vart affecte et hypothèque au profit du porteur, ce qui est accepté par M. Valin.

Une pièce de terre, etc.....

Sur laquelle pièce de terre il sera pris inscription au profit du porteur, au bureau des hypothèques de..... poursuite et diligence de M. Valin.

Il est formellement convenu que la créance résultant des présentes se transmettra par la simple remise de la grosse — *ou du présent acte en brevet,* sans avoir besoin d'être constatée par aucun endos ni autre écrit, ni d'être signifiée au débiteur; cette remise emportera de plein droit subrogation au profit du porteur dans tous les droits, actions et hypothèques attachés à la créance, et notamment dans l'effet plein et entier de l'inscription qui sera prise en vertu des présentes au bureau des hypothèques de.....; en conséquence, le porteur pourra se désister du droit d'hypothèque et donner mainlevée de l'inscription, sans autre formalité que l'énonciation dans l'acte de mainlevée que la grosse des présentes — *ou le présent acte* — aura été représentée au notaire, et qu'il aura fait dessus une mention de la mainlevée.

Pour l'exécution des présentes, etc.,

Dont acte fait et passé, etc.....

(Voir page 100).

FORMULE B

Société civile d'obligataires.

Par devant M^e.....

Ont comparu :

M. Deville (Charles-Éloi), banquier, demeurant à.....

M. Debray (Louis-Honoré), propriétaire, demeurant à.....

M. Plet (Jacques-Henri), négociant, demeurant à.....

M. Nortier (Victor-Léon), rentier, demeurant à.....

Et M. Damois (Paul-Jules), ingénieur, demeurant à.....

Lesquels ont dit et arrêté ce qui suit :

Par acte passé devant M^e..... notaire à..... le.....
ont été établis les statuts d'une société anonyme, sous
la dénomination de Compagnie des hauts-fourneaux
métallurgiques de..... au capital de six millions de
francs, pour une durée de cinquante ans, à partir
du..... Cette société a été définitivement constituée en
vertu d'une délibération de son assemblée générale,
en date du..... Son siège est à Paris, rue..... n°.....

L'article 15 des statuts de cette société autorise le
conseil d'administration à contracter des emprunts
jusqu'à concurrence de trois millions par la création
et l'émission d'obligations et d'hypothéquer à la
garantie de ces emprunts tout ou partie des immeubles de la société.

Une délibération du conseil d'administration, en date du..... reçue en la forme authentique par M⁰..... notaire, le..... a décidé la création de quatre mille obligations au capital nominal de cinq cents francs chacune, produisant 25 fr. d'intérêt annuel et son émission au taux de 480 fr., et de conférer à la garantie du remboursement de ces obligations, du paiement de leurs intérêts et autres accessoires, une première hypothèque sur tous les immeubles de la société. Le conseil a délégué deux de ses membres à l'effet de créer les obligations, d'obtenir les souscriptions et de conférer l'hypothèque au profit des obligataires.

Par suite de cette délibération, une souscription a été ouverte pour l'émission de deux mille obligations hypothécaires.

Les comparants se proposent de souscrire la totalité — ou une partie de ces obligations.

Dans cette situation, ils ont résolu de former une société civile et particulière entre les souscripteurs des obligations.

Et ils ont arrêté les conditions de cette société de la manière suivante :

. Article premier. — Il est formé par ces présentes une société civile et particulière entre MM. Deville, Debray, Plet, Nortier, Damois, et toutes les autres personnes qui prendront part à la souscription des deux mille obligations de 500 fr. chacune, dont l'émission a été annoncée par la Société anonyme des hauts-fourneaux métallurgiques de..... pour son emprunt d'un million de francs autorisé par l'article 15 des statuts.

Les souscripteurs futurs seront réputés de plein droit, par le fait de leur souscription, avoir adhéré aux stipulations du présent acte, comme s'ils y avaient concouru eux-mêmes.

Art. 2. — L'objet de cette société civile est de réunir et centraliser les droits, actions et pouvoirs nécessaires à l'effet d'établir, dans l'intérêt commun de tous les souscripteurs et propriétaires, les conditions relatives à la création, par la Compagnie des hauts-fourneaux de..... des 2,000 obligations dont il s'agit, de 500 fr. chacune, les conditions de leur remboursement, accepter les garanties qui y seront attachées et représenter tous les intéressés pour la conservation de ces garanties, pour les main-levées et pour faire exécuter les engagements de la société débitrice.

Art. 3. — Sont souscripteurs, savoir :

M. Deville, de 400 obligations, ci. 400
M. Debray, de 250 obligations, ci. 250
M. Plet, de 300 obligations, ci. 300
M. Nortier, de 200 obligations, ci. 200
Et M. Damois, de 250 obligations, ci. . . . 250

Total, 1,400 obligations, ci. 1,400

Les 600 obligations restantes seront souscrites ultérieurement.

Art. 4. — MM. Deville et Debray sont nommés administrateurs de la présente société civile, et à ce titre, seuls chargés de représenter tous les souscripteurs ou propriétaires actuels et futurs des 2,000 obligations vis-à-vis de la société anonyme de..... et de tous autres qu'il y aurait lieu ; pour passer tous actes constatant la création des obligations, accepter sous telle forme et de telle manière qu'il y aura lieu l'hypothèque qui sera constituée pour garantir le remboursement des obligations et le paiement des intérêts, prendre et renouveler les inscriptions, consentir les· désistements et mainlevées de ces hypothèques et inscriptions.

En conséquence, MM. Deville et Debray sont investis de tous les droits et pouvoirs nécessaires et les plus étendus pour, dans l'intérêt et au nom de tous les souscripteurs et propriétaires des 2,000 obligations, constitués en société civile et particulière par le présent acte :

Déterminer les conditions à exécuter par les souscripteurs et la société débitrice, et dont les principales seront mentionnées ci-après ;

Accepter l'hypothèque qui sera conférée sur les immeubles dépendant de la société débitrice ; prendre et renouveler les inscriptions de cette hypothèque ;

Donner mainlevée de ces hypothèques et inscriptions et consentir tous désistements et radiations, lorsqu'il aura été jutifié aux administrateurs du remboursement d'obligations ; faire ces mainlevées purement et simplement, sans qu'il soit besoin de constater les paiements ou remboursements par acte authentique ou autrement ; la justification des paiements ou remboursements n'étant nécessaire que de la part de la société débitrice vis-à-vis des administrateurs, de la manière que ceux-ci jugeront convenable et en aucune façon vis-à-vis des conservateurs d'hypothèques chargés d'opérer les radiations, lesquelles devront être faites dans les termes de mainlevées consenties purement et simplement par les administrateurs, sans qu'il puisse y être mis obstacle par qui que ce soit ;

Donner aussi mainlevée définitive des inscriptions, avec désistement d'hypothèques et en consentir la radiation, même sans qu'il y ait eu aucun remboursement effectué, sur telles parties des immeubles hypothéqués que les administrateurs jugeraient convenable de dégrever à l'occasion de ventes, échanges ou pour telles autres raisons que ce soit ;

Exiger, si les administrateurs le jugent utile, d'autres hypothèques ou garanties en remplacement;

Faire exécuter contre la société débitrice les engagements qu'elle aura pris envers les souscripteurs d'obligations;

En un mot, représenter et exercer l'intérêt et les actions de tous les souscripteurs et propriétaires d'obligations chaque fois qu'il y aura lieu.

Les administrateurs pourront déléguer et constituer tous mandataires, sous leur responsabilité, pour exercer les droits et pouvoirs qui leur sont conférés par le présent acte.

Art. 5. — Aucune solidarité n'existera entre les souscripteurs d'obligations pour l'exécution de l'engagement résultant de leurs souscriptions.

En conséquence, la société débitrice ne pourra exercer ses droits que contre chaque souscripteur individuellement, pour ce qui la concernera.

Art. 6. — Les souscripteurs ou propriétaires d'obligations ne pourront individuellement exercer aucune action contre la société débitrice ou contre ses administrateurs, ni prendre individuellement aucune inscription hypothécaire contre cette société ou ses administrateurs; tous les droits et garanties à exercer ne pourront l'être que par les administrateurs de la présente société et dans les termes exprimés en cet acte.

Comme aussi les propriétaires d'obligations, soit collectivement, soit individuellement, ne pourront former aucun empêchement à la radiation des inscriptions prises par les administrateurs de la société civile sur les mainlevées qui auront été données par ces derniers, conformément à l'article 4 ci-dessus.

Art. 7. — Il sera dressé dans un bref délai entre les administrateurs de la présente société civile, représentant tous les souscripteurs ou propriétaires d'obligations, d'une part, et les administrateurs de la société débitrice, d'autre part, les actes nécessaires pour constater les conditions de la souscription et de la création des obligations et de leur remboursement.

Ces actes mentionneront notamment :

Les époques des versements à faire par les souscripteurs, telles qu'elles ont été annoncées par la société de. . . . . lors de l'ouverture de la souscription.

Que les obligations produiront intérêt à 5 % l'an, payable par semestre, les..... etc., etc.

L'hypothèque conférée par la société débitrice, pour garantir le remboursement des 2,000 obligations et le paiement des intérêts et autres accessoires, sera constatée soit par le même acte, soit par tout autre, et elle sera donnée suivant les formes et conditions voulues.

Les stipulations ci-dessus établies pour l'exercice de ces garanties et les mainlevées à donner par les administrateurs seront mentionnées partout où il y aura lieu.

Cette hypothèque sera en premier rang sur les immeubles de la société.

Il sera stipulé que les obligations auront, comme de droit, indépendamment de l'hypothèque spéciale sur les immeubles sociaux, leur recours ordinaire sur tous autres biens de la société débitrice. *Si la société est en commandite, on peut ajouter* : Mais que les gérants de la société débitrice ne seront soumis, sur leurs biens personnels, à aucune responsabilité pour l'emprunt dont il s'agit.

Enfin, les administrateurs de la présente société stipuleront telles autres charges et conditions qui leur paraîtront convenables à exécuter, soit par les propriétaires d'obligations, soit par la société débitrice.

Art. 8. — La présente société existera jusqu'au remboursement et paiement intégral des 2,000 obligations dont s'agit, et elle sera dissoute de plein droit par le seul fait de ce remboursement ou du dépôt à la Caisse des consignations des sommes suffisantes pour rembourser les obligations qui, après le tirage, n'auront pas été présentées pour être remboursées dans les six mois fixés.

Il est convenu toutefois que les administrateurs de la présente société auront toujours, même après la dissolution, les droits et pouvoirs nécessaires pour consentir la mainlevée et radiation définitive des inscriptions après l'extinction complète des obligations et sans qu'il soit nécessaire de constater leur remboursement vis-à-vis des conservateurs d'hypothèques chargés d'opérer la radiation, ainsi qu'il a été stipulé par l'article 4 ci-dessus.

Art. 9. — En cas de décès ou empêchement de l'un des administrateurs de la présente société, l'autre administrateur exercera seul les droits et pouvoirs qui leur sont conférés par le présent acte.

En cas de décès ou empêchement des deux, la présente société sera représentée et administrée par une ou deux personnes qui auront été désignées dans un acte authentique pour leur succéder, soit par les deux administrateurs actuels, soit par le survivant d'eux, et sans qu'il soit en aucune façon besoin du concours des propriétaires d'obligations.

Afin de mettre tous les propriétaires d'obligations à même de connaître les administrateurs futurs de la présente société, les actes qui les désigneront seront passés en minute en suite du présent acte ou déposés pour minute à la suite de cet acte.

La personne ou les personnes ainsi nommées et la survivante d'elles exerceront tous les droits et pouvoirs conférés par le présent acte à MM. Deville et Debray et de la même manière que ces derniers, sans aucune restriction et sans qu'il puisse y être mis aucun obstacle par les propriétaires d'obligations.

En outre, elles seront subrogées de plein droit par le fait de leur nomination, et à partir du jour où elles commenceront à exercer leurs fonctions, dans les garanties hypothécaires qui auront été conférées à MM. Deville et Debray, ainsi que dans l'effet de toutes inscriptions qui auront été prises.

En cas de décès ou empêchement de ces mêmes personnes, la société sera administrée par une autre ou deux autres personnes qu'elles auront désignées de la manière indiquée ci-dessus pour MM. Deville et Debray.

Art. 10. — Pour l'exécution des présentes, les parties intéressées seront soumises à la juridiction du Tribunal civil de..... quels que soient leurs domiciles.

Et à défaut d'élection de domicile spécial par chacune des parties dans le ressort dudit Tribunal, tous actes et exploits qu'il y aurait lieu pourront être valablement signifiés au parquet de M. le Procureur de la République près le Tribunal civil de première instance de.....

Toutes demandes et tous actes quelconques, qui pourraient être adressés aux administrateurs de la société, devront avoir lieu à leur domicile ou au domicile qu'ils indiqueront à..... et qui sera celui de la société.

Dont acte, fait et passé, etc.

(Voir page 107.)

FORMULE C.

Représentation des obligations (syndicat).

Pour représenter les intérêts des obligataires vis-à-vis de la société, il est créé par les présentes un *syndicat* de trois obligataires.

Ce syndicat, qui représentera tous les souscripteurs et tous les porteurs de.....'obligations hypothécaires, fonctionnera sans renouvellement de pouvoirs.

En cas de décès, démission, ou autres causes empêchant un membre du syndicat de remplir ses fonctions, les deux autres membres pourvoient à son remplacement. Dans le cas où ce remplacement ne pourrait avoir lieu pour une cause quelconque, comme aussi dans le cas où deux membres du syndicat feraient défaut à la fois, il sera pourvu à leur remplacement par une réunion générale des obligataires délibérant à la majorité.

L'assemblée générale des obligataires sera convoquée par une insertion faite huit jours à l'avance dans un journal.

La convocation sera faite, soit par les membres restant du syndicat, soit par le conseil de surveillance, toutes les fois qu'il le jugera nécessaire ou qu'il en sera requis par un nombre d'obligataires représentant le quart des obligations restant en circulation.

Pour que la réunion soit valable, il suffira qu'elle réunisse la moitié des obligations restant en circulation. Dans le cas où ce nombre n'aurait pas été atteint, une nouvelle convocation sera faite dans les mêmes formes, et la nouvelle réunion délibérera valablement, quel que soit le nombre des obligations présentes ou représentées.

Le dépôt des obligations au porteur devra être effectué, soit dans les caisses de..... soit dans les caisses de toutes autres maisons de banque désignées par le conseil de surveillance de ladite société, et sur la production du récépissé des obligations déposées, il sera délivré une carte d'entrée à la réunion.

Un obligataire ne peut se faire réprésenter dans une réunion que par un autre obligataire.

Dans les assemblées générales des obligataires, les décisions sont prises à la majorité des voix des membres présents, et chaque obligataire a autant de voix qu'il possède ou représente d'obligations.

Les pouvoirs du syndicat résulteront de la simple production d'un extrait des présentes ou d'un extrait de la délibération de la réunion des obligataires signé par le président, ou encore d'un extrait du procès-verbal des réunions du syndicat signé par deux membres du syndicat.

Le syndicat aura les pouvoirs les plus étendus pour représenter les obligataires; il aura notamment le droit d'accepter, au nom des obligataires, toutes hypothèques, de prendre et de renouveler toutes inscriptions hypothécaires, de remplir toutes formalités.

Il aura le droit de contrôle sur la comptabilité et la caisse de la société pendant toute la durée de l'emprunt et pourra assister aux réunions du conseil de surveillance, mais sans voix délibérative.

Le syndicat pourra consentir toutes mainlevées d'inscription avec désistement de tous droits d'hypothèque, soit lors des remboursements annuels ou des remboursements extraordinaires, soit lors des ventes des immeubles de la société, soit même en toutes circonstances, et ce, sans justification et avant tout paiement.

Toutefois, il devra veiller à ce que tous les prix de vente soient employés au remboursement des obligations. Les conservateurs des hypothèques n'auront pas de justification à demander à ce sujet, et devront opérer les radiations sur simples mainlevées par le syndicat.

Le syndicat fera faire toutes significations utiles aux compagnies d'assurances intéressées, en vue d'assurer au profit des obligataires les indemnités pouvant être dues en cas de sinistre de tout ou partie des immeubles hypothéqués, conformément à leur rang hypothécaire.

Il pourra donner mainlevée de toutes significations

qui en auraient été faites, et consentir à ce que les dites indemnités soient touchées par la société.

Toutes actions judiciciaires, tant en demandant qu'en défendant, seront exercées à la requête du syndicat ou bien contre lui. Il pourra faire toutes poursuites, exercer toutes actions judiciaires, même par la saisie immobilière ; faire en un mot tout ce qui sera nécessaire pour sauvegarder les droits des obligataires, pour assurer l'exécution des engagements de la société ; pour poursuivre, s'il y a lieu, la vente ou la réalisation des immeubles hypothéqués, le recouvrement et la distribution des prix à en provenir entre tous les obligataires, représenter enfin ces derniers en tout et pour tout.

S'il devenait nécessaire d'étendre ou de compléter les pouvoirs du syndicat ou de prendre des résolutions pour des cas non prévus, il y sera pourvu par une réunion des obligataires convoqués et délibérant comme il est dit ci-dessus.

Les conditions et stipulations dont il vient d'être question sont arrêtées à titre de conditions expresses et essentielles de l'emprunt.

Tout porteur d'obligations, de quelque manière qu'il en soit devenu propriétaire, est réputé en avoir connaissance et y adhérer.

Les membres du syndicat pourront déléguer tout ou partie de leurs pouvoirs à l'un d'eux ou à un tiers.

Et à l'instant, il a été procédé à la nomination du syndicat.

A l'unanimité, MM..... sont nommés membres du syndicat, à l'effet de remplir les fonctions et d'exercer tous les pouvoirs qui viennent d'être indiqués.

MM..... déclarent respectivement accepter lesdites fonctions.

(Voir page 107.)

FORMULE D.

Obligation hypothécaire avec création de titres négociables.

Par devant M^e . . . . .

Ont comparu :

M. Périn (Charles-Ernest), filateur, demeurant à.. ..   D'une part ;

Et M. Moret (Joseph-Emile), banquier, demeurant à.....   D'autre part ;

Lesquels ont dit et fait ce qui suit :

Article premier. — M. Périn déclare créer, par ces présentes, mille obligations au capital nominal de trois cents francs chacune, représentant ensemble un emprunt de trois cent mille francs à émettre dans le délai de trois mois, à dater de ce jour, aux conditions et sous les garanties ci-après exprimées.

Art. 2. — M. Moret, de son côté, s'oblige à souscrire, pour lui ou pour toutes autres personnes qu'il jugera à propos, la totalité de ces obligations dès qu'elles seront émises ; et il s'engage personnellement à en verser le montant à M. Périn, contre la remise des titres d'obligations, dans les huit jours de leur émission.

Art. 3. — Les titres des obligations seront au porteur. Ils mentionneront qu'ils ont été créés aux termes du présent acte, et rappelleront les principales conditions qui en résultent.

Ces titres porteront les numéros de 1 à 1000. Ils seront extraits d'un livre à souche, dont le talon sera déposé à M. Moret et signé de M. Périn.

Les droits de timbre de ces titres, la taxe annuelle représentant le droit de transmission, l'impôt de 3 % sur les intérêts et tous impôts crées ou à créer, seront supportés par M. Périn, de manière que les obligations en soient indemnes.

La transmission des titres s'opérera par la simple tradition.

Art. 4. — Les obligations dont il s'agit produiront un intérêt annuel de quinze francs chacune, etc.

Art. 5. — M. Périn s'oblige à faire le remboursement des mille obligations présentement créées à leur capital nominal de trois cents francs chacune, dans un délai de six années, etc.

Art. 6. — Le paiement des intérêts et le remboursement du capital des obligations sorties au tirage auront lieu à la caisse de la maison de banque de M. Moret.

Art. 7. — A la sûreté et garantie du remboursement des mille obligations créées, formant ensemble un capital de trois cent mille francs et du paiement des intérêts, ainsi que de tous frais de mise à exécution et autres accessoires, M. Périn affecte et hypothèque spécialement, ce qui est accepté par M. Moret :

1° Une filature, etc. (désigner les immeubles hypothéqués et établir l'origine de propriété).

Art. 8. — Les obligations créées profiteront de l'hypothèque qui vient d'être conférée, ainsi que de l'inscription qui sera prise au même titre et concurremment entre elles.

Les bénéfices de ces garanties, et toutes actions auxquelles elles pourraient donner lieu, ne pourront être exercés par les porteurs des obligations individuellement.

M. Moret, banquier, est de convention formelle constitué le représentant légal de tous les porteurs de ces obligations, quels qu'ils soient, même mineurs ou incapables, et lui seul aura le droit de prendre et renouveler l'inscription de l'hypothèque consentie et d'exercer toutes actions qu'il y aurait lieu dans l'intérêt des porteurs contre M. Périn.

En conséquence, toutes inscriptions qui seraient prises au profit des porteurs individuellement contre M. Périn seront nulles de plein droit et ne produiront aucun effet. Elles devront être radiées purement, simplement et définitivement, sur la simple production d'un extrait du présent acte, et M. le conservateur des hypothèques en sera valablement déchargé.

L'inscription qui sera prise à la diligence de M. Moret, le sera en son nom et à son profit, comme ayant pris l'engagement de souscrire toutes les obligations ; elle mentionnera sa qualité de représentant légal de tous les porteurs futurs des obligations, quels qu'ils soient.

Les renouvellements de l'inscription, s'il y a lieu, seront faits de la même manière.

Bien que les porteurs des obligations puissent profiter du bénéfice de l'inscription, M. Moret aura le droit exclusif de se désister de l'hypothèque ci-dessus conférée et de donner mainlevée de l'inscription, lorsqu'il lui aura été justifié du remboursement d'obligations, sans qu'il soit besoin de constater les paiements ou remboursements, cela n'étant nécessaire que de la part de M. Périn vis-à-vis de M. Moret, et en aucune façon vis-à-vis du conservateur des hypothèques chargé d'opérer les radiations, lesquelles devront être faites dans les termes des mainlevées consenties purement et simplement par M. Moret, sans qu'il puisse y être mis obstacle par qui que ce soit.

M. Moret pourra aussi donner mainlevée définitive des inscriptions, avec désistement d'hypothèques et en consentir la radiation, même sans qu'il y ait eu aucun remboursement effectué, sur telle partie des immeubles hypothéqués qu'il jugerait convenable de dégrever à l'occasion des ventes, échanges, ou pour telles autres raisons que ce soit et dont il sera le seul juge.

Il pourra exiger, s'il le juge utile, d'autres hypothèques ou garanties en remplacement ou supplément.

Si l'on veut augmenter les droits du représentant des obligataires au sujet des mainlevées, on peut remplacer les trois phrases précédentes par celles ci-après : — Bien que les porteurs des obligations puissent profiter du bénéfice des inscriptions, M. Moret aura toujours le droit exclusif de se désister, quand bon lui semblera, de l'hypothèque résultant des présentes, et de donner mainlevée pure et simple des inscriptions qui auront été prises, soit partiellement, soit définitivement, avant ou après le paiement des obligations, de même que s'il était seul propriétaire de la totalité de ces obligations. En un mot, M. Moret sera investi

des droits les plus étendus de diminuer ou modifier
la garantie hypothécaire conférée et les inscriptions de
telle manière que bon lui semblera, et même de se désister complètement de ladite hypothèque et de faire
mainlevée définitive des inscriptions qui auront été
prises, de manière à ne conserver aux obligations que
la garantie de l'action personnelle contre M. Périn.
En conséquence, les inscriptions devront être rayées
conformément aux mainlevées qui seront consenties
par M. Moret, sans qu'il puisse y être mis empêchement de la part de qui que ce soit. M. Moret pourra
exiger, s'il le juge utile, d'autres hypothèques ou garanties en remplacement ou supplément.

Art. 9. — En cas de décès de M. Moret ou d'empêchement légal dûment constaté avant le remboursement des obligations créées, les droits et pouvoirs à lui
conférés par l'article 8, passeront de plein droit à une
ou deux personnes qui auront été désignées par
M. Moret, pour lui succéder dans un acte authentique
passé ou déposé en suite des présentes. A défaut de
cette désignation, les droits et pouvoirs conférés à
M. Moret passeront de plein droit à M. Bérard
(Louis), négociant, demeurant à..... à ce intervenant et
qui accepte.

La personne ou les personnes désignées par
M. Moret, ou à défaut de désignation, M. Bérard, pourront agir en vertu desdits droits et pouvoirs, de la
même manière que M. Moret pourrait le faire lui-
même, sans aucune restriction ; et comme lui, elles
auront le droit de désigner des personnes pour leur
succéder en cas de décès ou d'empêchement.

Art. 10. — Les stipulations renfermées dans les articles 8 et 9 qui précèdent sont ainsi arrêtées à titre

de condition expresse de la création des obligations. Elles seront mentionnées par extrait sur les titres des obligations, de manière à être connues de tous ceux qui en deviendront propriétaires.

Art. 11. — La possession d'obligations créées en vertu du présent acte emportera de plein droit adhésion pleine et entière à toutes les stipulations qui précèdent, ainsi qu'aux pouvoirs conférés à M. Moret ou à la personne ou les personnes qui le remplaceront, conformément à ce qui vient d'être stipulé par l'article 9. Ces adhésions seront indivisibles entre les héritiers et représentants des porteurs d'obligations.

En conséquence, toutes notifications, significations et ajournements pour raison des obligations et des droits hypothécaires ci-dessus conférés, seront valablement faits à M. Moret ; à son défaut, à la personne ou aux personnes qui le remplaceront.

Art. 12. — Pour l'exécution des présentes et de tout ce qui en sera la suite ou la conséquence, les parties font élection de domicile à . . . . . en l'étude de M⁰ . . . . notaire. Cette élection de domicile sera attributive de juridiction.

Art. 13. — Les frais et honoraires des présentes, et ceux auxquels elles donneront ouverture, y compris l'inscription et le renouvellement, s'il y a lieu, et le coût de la grosse à délivrer à M. Moret, seront supportés par M. Périn.

Dont acte, fait et passé, etc.

(Voir page 108.)

FORMULE E.

Constitution d'une société d'obligataires en commandite par actions.

Par devant Me.....

    Ont comparu :

M. Pierre, demeurant à.....
M. Paul, demeurant à....

    Lesquels ont dit et arrêté ce qui suit :

Tous deux sont propriétaires d'obligations au porteur émises au nombre de..... par la société de..... et garanties (ou devant être garanties) par une hypothèque sur les immeubles de ladite société.

Les comparants ont pensé qu'il serait bon de créer une société commerciale dans le but d'exercer tous les droits et avantages attachés à ces obligations hypothécaires.

Dans ce but, après que M. Pierre a bien voulu accepter d'être gérant de la société, ils en ont établi les statuts de la manière suivante :

Titre I*er*. — *Objet. — Raison sociale. — Siège. —
Durée.*

Article premier. — Il est établi, par ces présentes, une société en commandite par actions, entre M. Pierre, comparant, comme seul gérant responsable,

Et toutes autres personnes qui deviendront propriétaires des actions ci-après créées comme simples commanditaires.

Art. 2. — Cette société a pour objet de réunir et centraliser entre les mains du gérant les droits, actions et pouvoirs qui seront ci-après déterminés.

Art. 3. — La raison et la signature sociale sont : « Pierre et Cie ».

La dénomination de la société est : « *Société des obligataires de.....* »

Le gérant a seul la signature sociale et il ne peut en faire usage que pour les affaires de la société.

Art. 4. — La société a son siège à.....

Art. 5. — La présente société existera jusqu'au remboursement et paiement intégral des obligations dont il s'agit.

TITRE II. — *Apports. — Fonds social. — Actions.*

Art. 6. — Il est fait à la société les apports suivants :

M. Pierre apporte en société mille obligations hypothécaires au porteur de la société de..... (en pratique, on donnera ici une désignation suffisante des obligations) valant chacune 500 fr.

M. Paul apporte en société mille obligations de la même société.

Art. 7. — Le fonds social, composé des apports en nature, est fixé à la somme d'un million de francs et divisé en deux mille actions au porteur de 500 fr. chacune, ci 2,000.

Il est attribué aux comparants, en représentation de leurs apports, des actions entièrement libérées, savoir :

A M. Pierre. . . . .   1,000 actions.

A M. Paul.   1,000   —

Total, 2,000 actions, ci . . .   2,000

Art. 8. — Les actions sont extraites d'un registre à souche, etc.

Art. 9, 10. — La cession des actions s'opérera par la simple tradition du titre, etc.

TITRE III. — *Administration de la société. —
Gérance.*

Art. 16. — La société est administrée par M. Pierre, seul gérant de la société. En cette qualité, il a la signature sociale et la direction exclusive des affaires de la société. ·

A ce titre, il est seul chargé de représenter tous les souscripteurs ou propriétaires actuels et futurs des deux mille obligations vis-à-vis de la société de..... (la seule emprunteur) ou tous autres qu'il y aura lieu, et il est investi de tous les droits et pouvoirs les plus étendus, dans l'intérêt et au nom des obligataires;

Accepter l'hypothèque qui sera conférée sur les immeubles de la société de.....; prendre et renouveler les inscriptions de cette hypothèque; donner mainlevée de ces inscriptions, etc. (on pourra reproduire ici l'indication des pouvoirs énumérés dans nos formules B et C.)

En un mot, représenter l'intérêt et exercer les

actions de tous les souscripteurs et propriétaires d'obligations chaque fois qu'il y aura lieu.

Art. 17. — Le gérant peut, avec l'assentiment du conseil de surveillance, s'adjoindre un co-gérant. Les conditions de cette adjonction sont arrêtées par l'assemblée générale.

TITRE IV, V..... — *Conseil de surveillance.* — *Assemblées générales, etc.*

(Reproduction des clauses ordinaires des sociétés par actions.)

(Voir page 132.)

FORMULE F.

Bordereau d'inscription en vertu d'obligation au porteur.

(Cas de la formule A.)

M. Valin (Paul-Albert), négociant, demeurant à.... comme premier porteur du titre de créance ci-après énoncé,

Requiert au bureau des hypothèques de, etc.,

Au profit du porteur de la grosse exécutoire de l'acte d'obligation ci-après énoncé (ou du brevet original de l'acte d'obligation ci-après énoncé).

Pour lequel domicile est élu à..... en l'étude de M^e..... notaire en cette ville.

Contre M. Vart (Auguste), propriétaire, demeurant à.....

En vertu d'un acte passé devant M⁰..... notaire
à..... le..... contenant obligation, par M. Vart, au profit du porteur, d'une somme de..... pour prêt qui a
été fait par M. Valin comme devant être le premier
porteur du titre.

Pour sûreté : 1° de..... etc.

L'inscription de l'hypothèque résultant de l'acte
d'obligation sus-énoncé.

Sur : 1° (désigner les immeubles).

On a stipulé, par l'acte d'obligation ci-dessus relaté,
que la créance conservée par la présente inscription
se transmettrait par la simple remise de la grosse du
titre — *où du brevet original du titre;* — que cette
remise emporterait de plein droit, au profit du porteur, subrogation dans tous les droits hypothécaires
et autres attachés à la créance, et notamment dans
l'effet plein et entier de la présente inscription ; qu'en
conséquence, le porteur pourrait se désister du droit
d'hypothèque et faire mainlevée de l'inscription sans
autre formalité que l'énonciation dans l'acte de mainlevée que la grosse, ou *le brevet original,* aura
été représentée au notaire, et qu'il aura fait dessus
une mention de mainlevée (1).

(Voir page 136.)

(1) Nous n'avons pris dans cette formule que les parties qui
pouvaient nous intéresser.

FORMULE G.

Bordereau d'inscription d'hypothèque pour obligations négociables.

(Cas de la formule D.)

Bordereau de créance hypothécaire dont l'inscription est requise au bureau des hypothèques de.....

Par M. Moret (Joseph-Émile), banquier, demeurant à.....

Constitué, aux termes de l'acte d'obligation hypothécaire qui va être énoncé, comme le premier souscripteur et le représentant légal de tous les porteurs des obligations négociables, quels qu'ils soient, même mineurs ou incapables, et dont la création a eu lieu en vertu du même acte d'obligation ; et ayant seul à ce titre le droit de prendre la présente inscription, de la renouveler et d'exercer toutes actions qu'il y aurait lieu, dans l'intérêt des porteurs, contre le débiteur ci-après nommé.

Et de plus, investi des pouvoirs qui seront ci-après énoncés, relativement à la radiation de la présente inscription.

Faisant élection de domicile à..... en l'étude de M⁰..... notaire.

Contre M. Périn (Charles-Ernest), filateur, demeurant à.....

En vertu d'un acte reçu par M..... notaire à..... le..... aux termes duquel M. Périn a créé mille obligations au capital nominal de 3oo fr. chacune, représentant ensemble un emprunt de 3oo,ooo fr. à émettre dans le délai de trois mois du jour de l'obligation, et que M. Moret s'est obligé à souscrire, pour lui ou pour toutes autres personnes qu'il jugerait à propos, dès qu'elles seraient émises, en s'engageant personnellement à en verser le montant à M. Périn contre la remise des titres d'obligations dans les huit jours de leur émission. Ces obligations, numérotées de 1 à 1000, devront être au porteur et mentionner qu'elles ont été créées aux termes de cet acte.

Il a été fait les stipulations suivantes :

Ces obligations produisent un intérêt annuel de 15 fr. chacune, soit   % par an, payable en deux termes égaux et par semestre, les 1er mai et 1er novembre de chaque année, avec jouissance du 1er mai dernier.

Le paiement de cet intérêt sera effectué contre la remise des coupons faisant corps avec les obligations, dont le détachement aura lieu à chaque semestre.

L'intérêt cessera de courir de plein droit sur les obligations sorties au tirage, à partir du jour fixé pour le remboursement et qui sera ci-après indiqué.

Pour le remboursement de ces mille obligations, il sera procédé chaque année, pendant six années, à la date du 1er avril, dans les bureaux de la maison de banque de M. Moret, à..... et pour la première fois le 1er avril 1894, au tirage au sort d'obligations à rembourser, dont la quantité est fixée audit acte.

Le remboursement aura lieu le 1er mai qui suivra le tirage et pour la première fois le 1er mai 1894.

Faute par les porteurs des obligations sorties au tirage de se présenter dans les six mois pour recevoir le remboursement, M. Périn aura le droit de déposer à la caisse des consignations, à..... le montant des obligations non présentées, avec affectation spéciale de ce dépôt au remboursement, que les porteurs pourront ensuite recevoir à la caisse des consignations.

M. Périn s'est réservé d'anticiper les époques fixées pour sa libération, soit en augmentant à l'un ou à plusieurs des tirages le nombre des obligations à rembourser, soit en offrant directement le remboursement, à la charge d'en prévenir les obligataires par une insertion dans un journal d'annonces légales de..... au moins six mois à l'avance.

A la garantie du remboursement des trois cent mille francs formant le montant des 1,000 obligations créées et du paiement des intérêts, ainsi que de tous frais de mise à exécution et autres accessoires, M. Périn a hypothéqué les immeubles ci-après désignés.

Le même acte contient, sous l'article 8, les stipulations ci-après rapportées, relativement aux pouvoirs conférés à M. Moret.

« Les obligations créées profiteront de l'hypothèque
« conférée, ainsi que de l'inscription qui sera prise,
« au même titre et concurremment entre elles.

« Les bénéfices de ces garanties, et toutes autres
« actions auxquelles elles pourraient donner lieu, ne
« pourront être exercés par les porteurs des obliga-
« tions individuellement.

« M. Moret, banquier, est, de convention formelle,
« constitué le représentant légal de tous les porteurs
« de ces obligations, quels qu'ils soient, même mi-
« neurs ou incapables, et lui seul aura le droit de
« prendre ou renouveler l'inscription de l'hypothèque
« consentie et d'exercer toutes actions qu'il y aurait
« lieu, dans l'intérêt des porteurs, contre M. Périn.

« En conséquence, toutes inscriptions qui seraient
« prises au profit des porteurs individuellement con-
« tre M. Périn seront nulles de plein droit et ne pro-
« duiront aucun effet. Elles devront être radiées pure-
« ment, simplement et définitivement, sur la simple
« production d'un extrait du présent acte, et M. le
« conservateur des hypothèques en sera valablement
« déchargé.

« L'inscription qui sera prise à la diligence de
« M. Moret le sera en son nom et à son profit, comme
« ayant pris l'engagement de souscrire toutes les obli-
« gations, elle mentionnera sa qualité de représentant
« légal de tous les porteurs futurs des obligations,
« quels qu'ils soient.

« Les renouvellements de l'inscription, s'il y a lieu,
« seront faits de la même manière.

« Bien que les porteurs des obligations puissent
« profiter du bénéfice de l'inscription, M. Moret aura
« le droit exclusif de se désister de l'hypothèque ci-
« dessus conférée et de donner mainlevée de l'ins-
« cription, lorsqu'il lui aura été justifié du rembour-
« sement d'obligations, sans qu'il soit besoin de
« constater les paiements ou remboursements d'obli-
« gations, sans qu'il soit besoin de constater les paie-
« ments ou remboursements par acte authentique ou
« autrement, la justification des paiements ou rem-
« boursements n'étant nécessaire que de la part
« de M. Périn vis-à-vis de M. Moret, et en aucune
« façon vis-à-vis du conservateur des hypothèques,
« chargé d'opérer les radiations, lesquelles devront
« être faites dans les termes des mainlevées consen-
« ties purement et simplement par M. Moret, sans
« qu'il puisse y être mis obstacle par qui que ce soit,

« M. Moret pourra aussi donner mainlevée défini-
« tive des inscriptions avec désistement d'hypothè-
« ques et en consentir la radiation même sans qu'il
« y ait eu aucun remboursement effectué, sur telle
« partie des immeubles hypothéqués qu'il jugerait
« convenable de dégrever à l'occasion des ventes,
« échanges, ou pour telles autres raisons que ce soit
« et dont il sera le seul juge. »

Pour sûreté et garantie : 1° de la somme de trois cent mille francs, capital des mille obligations émises par M. Périn, laquelle somme sera exigible, savoir :

42,000 fr., capital de 140 obligations, le 1ᵉʳ mai 1894, ci...................... 140 42,000 fr.

45,000 fr., capital de 150 obliga-
tions, le 1ᵉʳ mai 1895, ci.......... 150 45,000 »

48,000 fr., capital de 160 obliga-
tions, le 1ᵉʳ mai 1896, ci.......... 160 48,000 »

51,000 fr., capital de 170 obliga-
tions, le 1ᵉʳ mai 1897, ci.......... 170 51,000 »

54,000 fr., capital de 180 obliga-
tions, le 1ᵉʳ mai 1898, ci.......... 180 54,000 »

Et 60,000 fr., capital de 200 obligations, le 1ᵉʳ mai 1899, ci........ 200 60,000 »

Totaux........... 1000 300,000 »

2° Des intérêts à 5%, par an du capital, payables chaque année en deux termes égaux, les 1ᵉʳ mai et 1ᵉʳ novembre, et pour lesquels deux années et l'année courante sont conservées au même rang d'hypothèque que le capital, ci................ Mémoire

A reporter...... 300,000 fr.

Report.......... 3oo,ooo fr.

3° Des frais de mise à exécution, s'il y a lieu et autres accessoires, évalués par approximation à mille francs, ci......... 1,ooo »

Total, sauf l'article porté pour mémoire.......................... 3o1,ooo »

Sur : 1° Une usine, etc. (Désigner les immeubles hypothéqués tels qu'ils le sont dans l'acte d'obligation.)

(Voir page 137.)

POSITIONS

DROIT ROMAIN

I. — Dans le très ancien droit romain, l'usucapion n'exigeait ni juste titre, ni bonne foi.

II. — En droit romain, la durée des baux était généralement de cinq ans.

III. — Le *Jus italicum* était un privilège accordé non à certaines personnes, mais à certaines parties du territoire.

IV. — Le concubinat, à l'époque classique, était un mariage régulier.

DROIT CIVIL

I. — Un mariage inexistant ne peut valoir comme mariage putatif.

II. — La reconnaissance d'un enfant naturel, contenue dans un testament par acte public, est révocable comme ce testament lui-même.

III. — Le notaire rédacteur d'un acte doit, sous peine de responsabilité, sans qu'il soit besoin d'un mandat exprès des parties, vérifier les faits et les conditions intrinsèques à l'acte qui en constituent sa raison d'être.

IV. — L'erreur sur une question de droit commise par un notaire, dans un acte de son ministère, ne constitue pas une faute engageant sa responsabilité, lorsqu'elle porte sur un point douteux ou controversé et ne constitue pas une erreur grossière et inexcusable.

MATIÈRES DIVERSES

PROCÉDURE CIVILE

I. — Le demandeur qui succombe sur tous les chefs de sa demande peut-être condamné valablement aux dépens de la demande en garantie formée par le défendeur contre un tiers et ayant pour cause l'action dirigée contre lui.

DROIT INTERNATIONAL

II. — Un étranger non autorisé à domicile en France ne peut, en l'absence d'un traité diplomatique, réclamer le bénéfice de l'assistance judiciaire pour plaider devant les tribunaux français.

DROIT CONSTITUTIONNEL

III. — Le Sénat a le droit de rétablir un crédit de la loi de finances supprimé par la Chambre.

IV. — Le Congrès ne peut que discuter les questions mises à l'ordre du jour, avant qu'il ait été réuni.

Vu : Lyon, le 11 novembre 1894.
Le Président de la thèse,
E. FLURER.

Vu : Lyon, le 12 novembre 1894.
Le Doyen de la Faculté,
E. CAILLEMER.

Permis d'imprimer :
Lyon, le 13 novembre 1894.
Le Recteur de l'Académie,
Em. CHARLES.

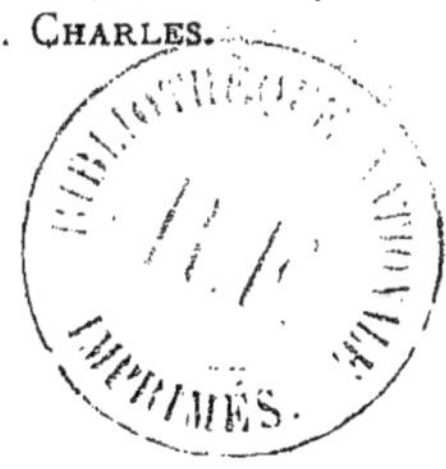

TABLE

INTRODUCTION

PREMIÈRE PARTIE

CONSIDÉRATIONS HISTORIQUES ET ÉCONOMIQUES. — LÉGISLATION COMPARÉE.

DEUXIÈME PARTIE

VALIDITÉ ET FONCTIONNEMENT DE L'OBLIGATION HYPOTHÉCAIRE
AU PORTEUR.

APPENDICE

DES OBLIGATIONS ET AUTRES TITRES AU PORTEUR GARANTIS
PAR UNE SURETÉ AUTRE QUE L'HYPOTHÈQUE.

CAHIER DES FORMULES

FIN